寓言：文无定法，论非必然，搜搜而已，自有大妙

浮光掠影而自有玄机，东撼西拾更悠游潇洒，信手拈来却皆成珠玑。呜呼庄子，轻松神奇，飘然思不群"；又有句曰"笔落惊风雨，诗成泣鬼神"。庄也文无敌，飘然思不群，笔落息风雨，文成戏鬼神！（杜甫原句曰"白也诗无敌，飘然思不异哉庄子，文若天启。

王蒙讲说《庄子》系列

一 寓言、重言、卮言、天成《庄子》文体

寓言十九，重言十七，卮言日出，和以天倪。寓言十九，藉外论之。亲父不为其子媒。亲父誉之，不若非其父者也；非吾罪也，人之罪也。与己同则应，不与己同则反；同于己为是之，异于己为非之。重言十七，所以已言也，是为耆艾。年先矣，而无经纬本末以期年耆者，是非先也。人而无以先人，无人道也；人而无人道，是之谓陈人。卮言日出，和以天倪，因以曼衍，所以穷年。不言则齐，齐与言不齐，言与齐不齐也，故曰无言。言无言，终身言，未尝不言；终身不言，未尝不言。有自也而可，有自也而不可；有自也而然，有自也而不然。恶乎然？然于然。恶乎不然？不然于不然。恶乎可？可于可。恶乎不可？不可于不可。物固有所然，物固有所可。无物不然，无物不可。非卮言日出，和以天倪，孰得其久！万物皆种也，以不同形相禅，始卒若环，莫得其伦，是谓天均。天均者天倪也。

我们的谈话十分之九是寓言，而引用前辈圣哲的已有言论则占十分之七。即兴提起、随机而出的话语时有显现，行云流水，自有这些言说的章法与结构，如有天意，天的端倪在那儿安排。寓言占到了十分之九，是因为借助于外界的第三人称的人物故事来说话，比较好接受。就像当爹的一般不必自己出面给自己的儿子说媒。说起媒来，亲爹一味地夸儿子，总不如让别人说效果更好。（人家不接受你的见解）倒不一定是讲述者某某人有什么过错，是人们普遍的心态造成了接受的障碍。人们的心态是：与自己的看法相同就响应，与自己的看法不同就反对；与自己的看法一致就认为是别人错了。所以，与其去直抒己见，不如讲讲寓言。十之七引述前辈的已有言论，以加重自己观点的分量，也是表达对这些德高望重的长者的敬意。年龄比别人大，却没有一套判断万事的经纬本末的门道与条理，就不能充实与达到人们对长者的期望，这样的人也就算不上是德高望重的长者了。一个人如果不领先于他人的经验与见解，也就不会被称道（或也没有一套自己的做人、人伦之道）；一个人如果没有什么自己的人伦之道，再高龄也是过时的陈旧之人。即兴提起、随机而出的话语时有显现，并有着自己天生的章法与结构，生发铺陈，可以长久地存在下去。人常常是这样，不说话，万物平等齐一，不产生矛盾。你想去统一一切说法，你说话了，反而无法统一了。或者你想去说说这个齐一，想以你的言论去掺和这种齐一，也就反而不能统一了。所以说，话不言，反而无法统一了。最好是不说话。专说那种无言之言，叫做"言不言"。即使他一辈子不吭声，也不算是没有说话。各有一套缘由，才会认同某个说法，也是各有一套缘由，才会反对某个说法。人们是各有一套缘由，对某种说法点头称是，也是各有一套缘由，认同有认同的缘由，不认同有不认同的缘由。所以，称不称是有称不是的缘由。为什么会认同呢？认同是这样，自有其认同的缘由，既然存在，自有其存在的缘由。所以说，认同不以为然。为什么要称是呢？称是有称是的缘由，称不是有称不是的缘由。任何事物，既然存在的就是合理的，没有任何东西是这样而不是别样的缘由。如果不是随机显现，请问什么又能够是西不可以存在，不可以是它自身的那个样子。自有其是别样的缘由。既然存在，自有其存在的缘由，听任天然的章法与结构的言说，

王蒙书说《庄子》系列

4 / 12
3 / 12

老而联袂，恐只能因故而游开创举(果今)辈。

寓言(即他人与众推故的言)：其风度辞令、发想立意、博杂辞谐、全靠天然洒脱，发有故事中着来推。不但兴高采烈文，不但兴高采烈文。

寓言古今中外之久，故国《庄子》其书出若尝点亮点之一。再有便是重言。重言即古人的来推。当重言出道后人人推。

寓言的载量就很大。音泰然，音武式，音情神的超凡，音故人风改，而不是一般以中世推牲的文体为基础。但《庄子》发音深以奴尊崇。其是有用一些崇高重的名义，故鹰令天的人民什用巨克思、孝林杰、爱因斯坦等人的名，我蝶意蛮作者自我认同一样。也有"shong言"。

的者一样，可以此重自己的论点。音泰然，要生大，有文本，有清神的都人会改，而不是一般加以个文的代量。但《庄子》发有没做尊崇。

人的替代已惑杂代。圣夕可以五著，甚至燕哲出不全是可笑。徐子之受众思考个文化空间。再有。

人，洪泉大千思惟。代衣可对受誉个人，故衣大了收个神性的复重。

妻如自其自我变声。 抹寓言则是变自其抽象地推为个人故事，不枯辞谈。存陕途径。不是是我。故能出去把萃尔自己的立文方式，用不同的章法一定性比相宜变化自已的章法，故缀出天然的触都自然是。

自己都能不等推五面直翳媚宣波自己的声歌。如我。故衣为亲萃得自己八年情趣。会隐人非王氏就以的合理推广自然封。

众的管代已惑杂代。可以诸本十。虚则最丑国的言谈区寻。可以诸遥把本件的又本。就由可以补更宽的奥推。古文中常常省都生音。因而奥放。

一致。推流不重丰富自已的触辞。故衔出天然发我辞空。其所散自累然我我我乏一个圆和上一样推推装是。

天河日人的乘。从敷不重兹存自已的触辞和味。故衔出天然变我抹巷。

由A说到B，由B说到C，再说到X，Y，Z，X……等等，可逆故毒的「路其似]，合意而至。2，故毒的类放，可以复杂、可以更生音，可能发了搬拾的空间。

《庄子》说，故毒的风意蓝是可以而茂之的表现。而有读者胡陪走此工程下的欺诈。

十代世纪的讲明兴变主义故毒主义故毒的意高性。读是世上玄蕴有音如渐的人陪会语的源。故，可能更生音。个性化。大众化。开放。

案兼小说家欢来谈的话。故衣的素如不乍的推出主。要大家的美春读出不能度的阐述而实施。意义上某版轻家的意位直选公告。

辉举。不推公众天才。不推公众家出不变严生活。故毒的欢西兴春读。而人的生态我有文。

十不自从是在欢读得不能深新翻人。乱不前是我的事。可能的是俗云满未文定的杜春云而言是以我是[于天风]。靠的是分公时就升是不以一点关系。

君言眷表在变文音调上大量的翻番。从不说宗翳全画。守的是事命氏在年行改的语讯小。如凤凰互现到三人代。

不甚奴是见自什么公的世界。意或爵其叙是兴作。具实，主意，有爱，或胜题。

大此国。已的遵摩崎乃变自鸡叫兴轻轻，故衣试中奇家林。匪柄至不即兴自舍又。不拘兴言主背跨跨在古兴。

同言。唱酒从变自朴咪的唱兴轻轻，其民感叙曲。故激轻恒。圭犬然洒脱。

最后一点有它的特色：什么是学问？关在书斋里，殚精竭虑、自成体系，反复推敲、旷日持久地惨淡经营，搞出一大套严丝合缝的精品奢侈品天才杰作理论见解主张来是一种；侃侃而谈、灵活机动，合情合理，深入浅出，老少咸宜，居家外出，人人必备，则是另一种。可惜的是（也许可喜的是）在中国古代，后一种多，前一种少。

二 干脆拉上孔子一起说

庄子对惠子说："孔子行年六十而六十化，始时所是，卒而非之，未知今之所谓是之非五十九非也。"惠子曰："孔子勤志服知也。"庄子曰："孔子谢之矣，而其未之尝言。孔子云：'夫受才乎大本，复灵以生。鸣而当律，言而当法。'利义陈乎前，而好恶是非直服人之口而已矣。使人乃以心服，而不敢蘁立，定天下之定。'已乎已乎！吾且不得及彼乎！"

庄子对惠子说："孔子活了六十岁，也就是发展变化了六十年，当初所认同的，最终却否定了的见解也是有的，不知道他老现今所认同的东西是不是正是他五十九岁时所不能接受的东西呢？"惠子说："孔子是一个有自己的志向与要求，从而勤奋好学的人。"庄子说："孔子已经放弃了这些说法了，你不必来这样说了。孔子说过：'从自然从世界获得了自身的材料（或才智），回复到天生的灵动状态而生活，发出的声音也就相当于乐律，说出来的言语也就相当于法度。如果做不到这样与天与道合一，而只是将利与义同时陈放于人们的面前，然后大讲好恶是非取舍的道理，这最多只能凭理论使人口服罢了。要使人们能够内心诚服，而且不会有丝毫违逆，这就要做到你所认定的正好是天地本身的必然，即你的主张与大道自来一致。'算了算了，如果弄不明白这一点，我恐怕还比不上他呢！"

这也是寓言、重言、卮言，借孔子发挥庄子，借孔子之口批评儒学。依此观点，孟子喜欢讲的"利义之辨"，其实不无人为与生硬，是一种相当吃力的人文规范。人之趋利，压根既无须理论辩解，又不可能用理论去克服。说明趋利是自然而然的事。问题在于对利的理解，确有深浅、高低、阔窄的巨大区别。而人之杀身成仁、舍生取义，则需要来它一个养吾浩然之气，需要来一个"学如逆水行舟，不进则退；心似平原走马，易放难收"的讲法。

浩然之气并非人人具有，有的人一辈子只有小家子之气、平庸之气、草民之气、小市民小头小脑之气，狗肚鸡肠之气。他们"浩"不起来，"然"也有限。他们不也就永远闹不明义利之辨啦？有的人一辈子放不下酒色财气，硬是灭不了人欲，你又能怎么办呢？所以说，这样你会搞成是用足了吃奶的力气才能硬挺住仁义之道，而一不小心就滑到利上去了。当年搞人民公社就是这样，费了九牛二虎之力，拼死拼活，左堵右塞，硬是"坚持"不下来；而编个笤带卖一把小葱，却算是滑向了大逆不道的资本主义。用人为的主观的理念与条条框框，是很难办成几件事的，我们总算明白了。

孔子六十年是不断变化的六十年，此说略有一面之词的意味，但也话出有因。任何见解主张都有它的针对性，而时代是变化的，情势是变化的，针对的挑战是变化的，不能不有所调整改变。所谓一条路走到天黑，是不足取的。所谓孔子晚年放弃了志啊勤啊智啊用啊之类的观念，恐怕只是此地的寓言卮言。假托一个孔子与时俱化、转变观念的故事，宣传庄子的一套，听起来颇好玩。其实，人也罢物也罢，有其不断变化、常变常新的一面，也有其万变不离其宗、无始无终、无旧无新、无先无后、无变无不变的一面。居于道枢，万年无变，也是一个理解世界的角度。

王蒙讲说《庄子》系列

「受才乎大本」，这里讲的不是高度抽象的道，也不是高高在上、令人敬畏崇拜的天，而讲大本不包含比较唯物论的理解，才者材也，人的材料来自世界本身，当然，如果你是唯心论者，大本就是绝对理念或者天心或者材料来自世界所具有的灵气、灵性、灵魂直至灵异与灵活性。认识到了这一点，就实现了个人与世界、生命来自世界所具有的灵气、灵性、灵魂直至灵异与灵活性。认识到了这一点，就实现了个人与自然、与天、与大道的高度一致，鸣出来就是乐律或韵律，立言就是立法度。乐律、法度都不是离开了天地自然、在自然之外或之上硬性制造出来的。

这里边包含着一种批评，就是恰恰请孔子来讲说，儒家的那一套人为痕迹太浓，造作色彩太重，规范的限制性太生硬，太高地估计了一种人为的努力（即有为的可能）。什么为天地立心，为生民立命……你把自己摆到了天与地之上，民与命之上，往圣与绝学之上，万世与太平之上。当然，立心之类的话是北宋时提出来的，但是《庄子》早已经闻出了儒家自诩过高的味道，并有所讥讽，自有它的道理与意思。

还有就是，国人（古人）写文章要的是文章漂亮、文气充沛、文思迷人，却不介意所说的有没有根据，是不是事实。这也是一派，潇洒有余而严谨不足。

曾子再仕而心再化，曰：「吾及亲仕，三釜而心乐；后仕，三千钟而不洎亲，吾心悲。」弟子问于仲尼曰：「若参者，可谓无所县其罪乎？」曰：「既已县矣。夫无所县者，可以有哀乎？彼视三釜三千钟，如观雀蚊虻相过乎前也。」

九一七

九一八

曾参再次出仕，心情有了变化，他说：「我当初做官的时候父母在世，我用俸禄奉养他们，三千钟（三万倍于当年俸禄）的所得却赶不上奉养双亲（父母已经不在人间了），我的心情很悲伤。」孔子的弟子问孔子：「像曾参这样说话的人，应该是不能算有什么计较俸禄的过错吧？」孔子说：「其实曾参的心思已经跟俸禄挂上钩了。如果心里毫不在意，会有什么嘀嘀咕咕的悲伤吗？俸禄根本就不会看在眼里，是三釜还是三千钟，就像是看到雀儿或者蚊虻从眼前飞过一样，何值得一顾呢？」

有心也罢，无意也罢，至今获奖的或者得到高收入的人士，自然而然地仍然多用侍养父母说事。我就在现场，在电视节目里，在内地也在香港，听到过无数次，获奖或获利者在致获奖感言或答记者问时说：他得奖或得利后首先要做的是帮助父母过好一点的生活。而听众立马从对于金钱的艳羡转入对于该人至孝的服膺上来。

不管真正的孔子是不是说过这样的话，这样的话仍然显得矫情。即使一个人把惊天财富全部捐赠给贫民，也不等于他将月薪或者年薪、奖金或者彩票中奖的收入视若飞来飞去的小雀或蚊虫。恰恰是经过缜密的思考，恰恰是非常认真地对待自己创造的财富，一个人才会作出不要财富、返还社会的决定。

让我们设想一下，如果曾参说过，我的收入大大提高了，这使我很高兴，但是我也想念我的父母，如果他们健在的时候我能收入高一些，能多尽点孝心，那会是多么好啊！，同时我毕竟不是仅仅为了收入而做事，我还有我的理念与追求，

收入提高只是我要做的事情的副产品——这样说不是更真实也同样高尚吗？以不真实、不敢真实通向的高尚恐怕不是真正的高尚，或者以为真实的代价必须是牺牲高尚，返还鄙丑，那种真实未免也只是可悲的与低贱的真实了。

三 通向大妙之路，你要不要试试

颜成子游谓东郭子綦曰：『自吾闻子之言，一年而野，二年而从，三年而通，四年而物，五年而来，六年而鬼入，七年而天成，八年而不知死不知生，九年而大妙。』

王蒙讲说《庄子》系列

九二〇

颜成子游对东郭子綦说：『自从我听取了你的话，一年后就开始返璞归真了，两年后开始顺从命运与外界了，三年后豁然通畅，四年后成为万物之一，五年后得到了人气与物象的归附，六年后得到超人间、超此岸的体悟，如入鬼神之境，七年后诸事天然成就毋劳心力，八年后不再介意生死之辨，九年后便达到了大妙的境界。』

这些说法与《论语》上讲的『十五而有志于学，三十而立……』的思路相近，把个人境界的阶段提高与光阴的去联系起来，年有所长，令人欣慰。

『一年而野』，关键在于『野』后把原先的偏见成见全部忘掉，好像一个学太极拳或乒乓球的人，要想认真学好，先忘掉你原先的那些半吊子知识与习惯，否则一步错步步错，你永远学不好。

『两年而顺』，顺，既如孔子所讲的六十而耳顺，又有七十从心所欲不逾矩的意思。《庄子》这儿是厉害，孔子七十岁才练就的功夫。三年就通了，乍一看，有点说大发了的感觉。通者大矣哉！它意味着无隔阂、无挂碍、无黑暗、无窘态、三年如何能做得到呢？通是一种态度，并不是一种学问或技巧。通是一种心态，并不是一种知识或智能。通是一种自慰，并不是对于一切挑战的成功应对与解决。甚至，通也可以是一种无奈，不通又当如何？如果你时运不济，不通又将如何呢？你能提着自己的头发飞升太空吗？

『四年而物』？为什么不是四年而天？还是物的说法更平实。而物应该就是物物而不物于物。四年达到了在外物 中的主动性，从而吾丧我，见物而无我矣，无计较，无宠辱，无是非彼此。五年就『来』了，什么都来了，人气、地气、天时、地利、人和、政通，也许还有巫术，这可能是装神弄鬼，是神经兮兮，也可能是若有神助，屡试不爽，好比二〇一〇年南非足球世界杯比赛期间的德国章鱼保罗；还可能是一种我们暂时说不准确的特异功能。总之，恰恰是『子不语』中的怪力乱神。

『六年而鬼入』，六年后进入了鬼神境域，就是说，不但通了此岸，也通了彼岸；通了阳界，也通了阴界；通了理性， 也通了直觉、直感。这可能是装神弄鬼，是神经分兮，也可能是若有神助。 即孔子不愿意谈的怪力乱神。

『七年而天成』，人到某种境界，做事如有天助。文学创作中这种情况尤多：『文章本天成，妙手偶得之。粹然无瑕疵，岂复须人为。』这是陆游的话，说明陆游写作中也有过此种『无为而无不为』的感觉。当然鲁迅的诗也是对的：『我有一言须记取，文章得失不由天。』鲁迅说的是无不为的状态，陆游说的是无为的状态。写作如此，可以想象万物万事。

到了庖丁解牛的份儿上，就是天成而不仅仅是人为了。反过来说，天可以成，便可以毁，项羽曰：『天之亡我，非战之罪也。』这也是他的实际体会。从概率的角度来看，当然可能。天灾人祸当中都有天亡我也的成分。而天不灭曹也罢，天成大业也罢，也都有天成的成分。

王蒙讲说《庄子》系列

"八年而不知死不知生"，这个事忽悠得大发了一点。生死亦大矣，哪一种生命能做到完全将生死置之度外？秦始皇有那么大业绩，最后还是要可怜巴巴地派人寻找不死药去。不管多么伟大的人，他的死亡总是带一些悲哀与苍凉。《庄子》努力做到让人们受众将生死看开，看得更自然、更平常、更无所谓，甚至安慰读者，也许死亡的滋味很好过，很舒服、很高级。这已经很超越了。最大的超越来自最大的接受，一个有灵性的人，必须接受死亡像接受自己的出生一样，接受了出生就等于接受了最后的死亡，谁能不接受呢？很简单，悲悲切切，你也得死；与其悲切地死，不如放心大胆地去死。疯狂恐惧你也得死，多半死得更早更快些，那就不如自自然然来度过自己的一生。人们依据文天祥的名言拟的对联是"时时可死，步步求生"，有这样的心胸与头脑的人，也算是不知生不知死了，也就是说，死生是大自然的事，是世界的必然规律，人不可也无须为之闹腾。

九年后能够大妙，真是大妙了。大妙云云，应是一种超拔的至人、真人、仙人境界，是超人间境界。妙，应该是不可言说、无法分析与论述之好上加好，这种好与一种美感、快感、无往而不胜之感相通，已经脱离了红尘，脱离了低级趣味，脱离了长短得失的计较，脱离了胜负成败的思量，脱离了高低贵贱的区分，脱离了智愚贤不肖的吭哧吭哧，能逍遥游，能齐物，能养生达生，能做到火里不怕燃烧而水里不会下沉，能够"虚室生白，吉祥止止"，能与大宗师、大本全面结合，合而为一！

"生有为，死也。劝公，以其死也，有自也；而生阳也，无自也。而果然乎？恶乎其所适？恶乎其所不适？天有历数，地有人据，吾恶乎求之？莫知其所终，若之何其无命也？莫知其所始，若之何其有命也？有以相应也，若之何其有鬼邪？无以相应也，若之何其有鬼邪？"

东郭子綦说："生下来吧，还要为这为那，做这做那，直到死亡为止。所以我要劝告人们心胸要更公平些开阔些。死呢，是有它的原因和道理的，人们要接受死亡。生命的产生是由于阳气，却没有什么显明的原因和道理。是否真的是这个样子呢？为什么恰恰要这样说呢？又为什么恰恰不能这样说或那样说呢？天有自己的历法，地有人们居住的区域划分，我又能对天地追求、言说、分析些什么呢？我们无法知道世界与我们自身的起始与形成，而你已经拥有了自身的终结，是多么不幸、多么没有对于自身命运的了解啊！我们无法知道世界与我们自身的对应物的，如果这样说，怎么能说世上是有鬼神的呢？生命自身，你是多么幸运啊！生命的存在是应该有自身的对应物的，或者至今还没有发现什么对应物的，这一段就有些个'大妙'的意味。有为有为，为到死为止。其实无以为，无可为、无任何事功或为的痕迹的人也要死，也可以说出死得更快些；完全无为无者，估计糊口也非易事，当然，也许轻松些。有为而戛然止者，其死更刺激，令人怀疑其为的必要性与伟大性。

死得有原因有道理，生得莫名其妙，此话乃一大发明。第一，从生理学上说，在古代，死可以解释为病逝、天灾人祸、被处死刑……病死的还可说出是寒症、热症、气虚、阴虚、用药有误等，而怀孕、出生，古人的观察更少，知之甚少，能说个阴阳交媾也就到了头啦。第二，从心理经验上说，死亡的感受是刻骨铭心的，虽然你来不及事后把这一切说说清楚。出生的过程，对于本人来说，却是一笔糊涂账，意识发生（即对于我的自觉产生的过程），对于本人

王蒙讲说《庄子》系列

来说也是糊涂账。第三，从过程研究上看，死亡的过程很长久，人们早有预感，有恐惧也有悲哀，有自慰也有旷达，你可以为本人的死亡写下遗嘱或抒情诗赋，但你无法为自己的出生写下前言或告世界书。第四，到二十世纪的今日为止，人们在地球外的任何地方都没有发现生命，虽然人们坚信其有。这样说来，死灭才是更正常、更有道理的状态，而生更像是奇特的变态……人们对于生与死的理解是不平衡的。发现此一不平衡的『大妙』的是《庄子》。

有命乎无命乎？人的出生是命中注定的吗？是一种幸运吗？还是干脆就是莫名其妙呢？

庄周太了不起啦，他的脑瓜子都琢磨到哪儿去了！

有没有鬼神？生前死后，此人在哪里？生与死、人与鬼、此岸与彼岸是否存在对应关系？如果说有，那么人死应为鬼，鬼化应为人，这似乎不那么靠得住。如果没有，人死就没有了，这又太单向了，与万事万物之理与大道似不吻合……这里出现了一个不平衡。万物都有其不灭性，物质不灭，能量不灭，生命个体却似乎是不停地结结实实地灭着。

这样一个不解，这样一个不甚平衡，正是人生的滋味之一种。为什么我们整天讨论是非，讨论成败，讨论名利，讨论欲望，讨论价值……却硬是不敢不会讨论生与死、人与鬼、短暂与永恒？

这一段的文体似乎比较现代或后现代，本身提出问题，本身作出不止一种假设，本身得出不止一种结论，提出问题胜过了解答问题。我们也不能不说《庄子》的理论是最伟大或最有影响的理论，《庄子》的主张也难说是最有意义、最能带来成果的主张，但是我敢说，庄子的脑袋是先秦诸子中最灵活，最『大妙』的一个脑袋——这么好的头颅，前

四 存在并不那么确定与结实

无古人，后无来者，如日月之高悬，如江河之奔涌！

罔两问于景曰：『若向也俯而今也仰，向也括撮而发，向也坐而今也起，向也行而今也止，何也？』景曰：『搜搜也，奚稍问也！予，蜩甲也，蛇蜕也，似之而非也。火与日，吾屯也；阴与夜，吾代也。彼吾所以有待邪？而况乎以无有待者乎！彼来则我与之来，彼往则我与之往，彼强阳则我与之强阳。强阳者又何以有问乎！』

虚影（影子外的微阴）向影子发问：『你原先是低着头弯着腰，先前是披发而立，原来你是坐着的，现在却站起来了；原先走动着，现在停息下来了——这是怎么回事呢？』影子回答：『这点小事，哪里值得发问？我也说不清是怎么回事啊！我也说，只不过如同蝉蜕下来的薄壳、蛇蜕下来的皮，跟那蝉、蛇蜕与蛇本身是而非，我并不是那蝉的本体。有了火光与太阳，我就显现出来了；遇到阴云与黑夜，我也就消失了。你能说那有形的物体蝉呀蛇呀的就一定是我赖以存在的根据吗？也许我并没有等待这些有形体的事物吧？它们来了我也就跟着来到了，它们走了我也就跟着走掉了，它们运动着我就随着运动一番，又有什么可问的呢？』

一般地说，人们都认定影是随形而生、随形而动的，我们在成语中也有所谓『如影随形』者，但是庄子想得更深，除了可以具体地看到景（影）有待于形的出现与运动外，景与罔两更依赖于火与阳的作用——天一黑，景也没有了，你不能说形能决定景的运动。人生也是这样，你不要认为你的影子一定单单从属于你自己，它还更加从属于活动、思想、斗争、进退、宠辱、得失都从属于你个人，就如你不能认定你的影子一定单单从属于你自己，它还更加从属于天，从属于大

王蒙讲说《庄子》系列

道大本。连同你的身体与生命，也不是仅仅从属于你个人，而从属于天从属于大道大本。相反，那些人力左右得了的「伟大事功」，诸如名利、地位、威权、享受、是非、头衔，不过是影子的抬头低头、坐下起立、行走稍息之类小小不言的变化而已，是不足挂齿的。

这当然符合光学的常识：影，这是一个光学现象，只有物体物形，没有光，哪儿来的影？

似是而非的说法甚妙。人追求的一大堆东西，从哲理的角度看，无非是蝉蜕蛇皮，有形无神，有末无本，有态无命，来自本体而又「被脱离」了本体，变成了无源之水渍、无本之枯枝、无体之空壳、无内容之空架子。放下吧，想开吧，再不要为这些虚空的蛇皮蝉蜕而劳心费力了。

搜搜，前贤专家释为「区区」，不过如此而已，这就与英语的「so so」（一般）的含义相当接近了。每读至此，我就觉得是庄子讲了一句英语，一笑。

阳子居南之沛，老聃西游于秦，邀于郊，至于梁而遇老子。老子中道仰天而叹曰：「始以汝为可教，今不可也。」阳子居不答。至舍，进盥漱巾栉，脱屦户外，膝行而前曰：「向者弟子欲请夫子，夫子行不闲，是以不敢。今闲矣，请问其过。」老子曰：「而睢睢盱盱，而谁与居？大白若辱，盛德若不足。」阳子居蹴然变容曰：「敬闻命矣！」其往也，舍者迎将。其家公执席，妻执巾栉，舍者避席，炀者避灶。其反也，舍者与之争席矣。

阳子居要到南方的沛地去，老聃则是要到西边的秦地来，阳子居与老聃约到沛地的郊野见面，最后是到了梁城才见上的。老子远远看了一下阳子居，在半路上仰天长叹说：「当初我把你看成是可以接受教导的人，如今看来，你是很难教导的啦！」阳子居无话可答。到了旅店，阳子居给老聃奉献上盥洗用具，把鞋子脱下，放在门外，双腿跪着前行说道：「刚才弟子很想请教先生，正赶上先生行路中没有空闲，我也就不敢打搅。如今先生空闲一点了，希望先生指出我的过失在哪里。」老聘说：「你的样子牛气冲天，谁愿意与你在一起？真正的纯洁，恰恰好像颇有不足之处。」阳子居听了很受震动，为之变颜变色，他说：「弟子恭恭敬敬地愿意接受先生的教导。」阳子居刚来旅店的时候，店里的客人都来列队迎接。旅舍的老板亲自为他安排坐席，老板娘亲手拿着毛巾梳子侍候他盥洗，旅客们见了他也就远离火边，烤火的人见了也就远离火边，旅店的客人已经跟他无拘无束，打成一片，抢位子入座了。

这一段写得很实也很亲切。到旅店，阳子居式的人物还是那么多，而且不知惭愧，不知受教育。抱歉的是，几千年后的今天，他们以牛为荣，以膨胀凸肚子为荣，越是芝麻官，越是一知半解，越显得哪儿都装不下。用《红灯记》中李玉和的唱词说，这些「人」「反把耻辱当光荣」。至今，有多少人走到哪里都有特殊待遇，而最不愿意的是与老百姓打成一片，何年何月，要人们能与百姓打成一片，何年何月，百姓们能与要人们争席抢位子呢？也许《庄子》说的是白日做梦？

老王说：何庄子之善疑哉？自讲自说，疑为不易接受，义利之辨，疑似无法信服，曾子思亲，疑为在意收入，生命，疑其无自（没有根据与必然性）……影像，疑为不尽是来自（也不可待）形体的运动变迁……多疑，果真能够出智慧吗？

是的，思想与疑惑是双生的伙伴，思想产生疑惑，疑惑也激发思想。然而，疑了半天，下一步又如何是好呢？

九二五

九二六

让王：辞让的哲学

连篇累牍地讲述了如此多的辞让天下、拒绝馈赠、闻"功"则惧祸、避富贵名利如避瘟疫、宁死不就高位的故事，真是世人皆浊而我独清，世人皆醉而我独醒，俗人能不愧死？山泉水清，宁死不出谷，醒来吧，读者，醒来吧，世人！

一弃天下如敝屣，你做得到吗

尧以天下让许由，许由不受。又让于子州支父，子州支父曰："以我为天子，犹之可也。虽然，我适有幽忧之病，方且治之，未暇治天下也。"夫天下至重也，而不以害其生，又况他物乎！唯无以天下为者，可以托天下也。

舜让天下于子州支伯。子州支伯曰："予适有幽忧之病，方且治之，未暇治天下也。"故天下大器也，而不以易生，此有道者之异乎俗者也。

舜以天下让其友石户之农，石户之农曰："捲捲乎后之为人，葆力之士也！"以舜之德为未至也，于是夫负妻戴，携子入于海，终身不反也。

舜以天下让善卷，善卷曰："余立于宇宙之中，冬日衣皮毛，夏日衣葛絺，春耕种，形足以劳动；秋收敛，身足以休食，日出而作，日入而息，逍遥于天地之间而心意自得。吾何以天下为哉！悲夫，子之不知余也！"遂不受。于是去而入深山，莫知其处。

舜让天下于其友北人无择，北人无择曰：……（此段缺）

王蒙讲说《庄子》系列

九二七

尧打算将天下禅让给许由，又想禅让给子州支父，子州支父也不接受。子州支父说："让我当个天子，本来也行，可是我有幽忧的重病（从现代汉语字面上看，幽忧应是自闭与抑郁之症，但当时似应作深重劳苦解），正在治疗中，实在顾不上治理天下啊！"治天下，够了不起的了吧，但并没有人的生命重要，不能因为要去管理天下就妨害自己的生命。更不用说其他事物了，还比不上天下的重要，也就更不能因之妨害生命了。只有不把天下当回事，不打算拿着天下做文章的人，才可以将天下托付给他。

后来舜想把天下禅让给子州支伯，子州支伯说："我近日患有幽忧的重病，刚刚开始治疗，顾不上治理天下。"

天下本来是个了不起的东西，再了不起也不可以用它来交换生命，这就是有道的人与无道的人看法的不同之处。

舜又要把天下禅让给善卷，善卷说："我生活在宇宙之中，冬天穿皮毛，夏天穿细麻，春天耕种，劳动忙碌，秋天收割，休养生息。每天太阳出来，我要干活了，太阳下山，我就休息了。我活得逍遥自在，心情舒畅得意，让我去管什么天下呀！"

舜又要将天下禅让给自己的朋友即在石户的一位农民，那农民说："看吧，舜把腰都累弯了，活活要累死人啊！"他不接受舜的禅让，他也无法接受这样德行不足的人的禅让，他带着孩子，夫负妻载，带着必需品，从海路远走高飞了。

他认为舜的德行并没有达到治理天下的要求，应该对自身的健康有高标准严要求，不能以病体弱躯去冒险，既是冒自己的小命的险，也是冒天下人的幸福安康的险。

太可悲了，你是一点也不了解我呀！

这种让天下而没人要的故事，在《庄子》一书中多次出现。这里，其内容是在递进中讲述的。头两个被禅让而不受的，至少表面的原因是有病。很好。第一，庄子强调的是生命高于权力，为权力丧生害命，智者不取也。第二，对天下负责的话，应该对自身的健康有高标准严要求，不能以病体弱躯去冒险，既是冒自己的小命的险，也是冒天下人的幸福安康的险。

第三个人善卷，谈的是百姓的快乐，劳动人的快乐，低消费、勤劳辛苦、适时休息、随着季节天时过日子，其乐无穷。

王蒙讲说《庄子》系列

这里有健康，有淳朴，有洁身自好，有知足常乐，读之受益匪浅。

第四个人石户之农，则反过来对禅让者大舜有所批判——瞧你累成个什么熊样子！说明什么呢？你不懂无为而无不为的大道，你事必躬亲，心细如发，抠抠搜搜，陷于被动，你做不到自在从容、天成大妙，堂堂石户之农怎么能够接受这样的庸才的禅让！

这四位，一个比一个牛。当然，更牛的是庄子。

在牛的同时似乎也有『拔一毛而利天下，不为也』的味道。目前，国人的社会意识、社会责任意识、社会主义意识，都是很强的，听到一般认为是孟子概括杨朱的这个说法都觉得它可笑与可鄙。现在也有人从维护人身权利的角度为这个说法辩护。《庄子》这里则是从治天下利其实是乱天下的角度来从根本上否定『拔什么利什么』这个命题。有些段落，它连黄帝都批，连唐尧虞舜都骂，什么原因？是黄帝是尧舜，非桀纣非盗跖，这正是权力争夺、生灵涂炭的根源。《庄子》乌托邦主义认为，各顾各的逍遥、各顾各的愚朴，各行各的本性，本来是天下太平、吗事没有的。天下本无事，圣人自扰之。正是从这个角度上，才能理解它的辞让哲学：再不要在治天下的幌子下扰民害民了！

大王亶父居邠，狄人攻之，事之以皮帛而不受，事之以犬马而不受，事之以珠玉而不受。狄人之所求者，土地也。

大王亶父曰：『与人之兄居而杀其弟，与人之父居而杀其子，吾不忍也。子皆勉居矣！为吾臣与为狄人臣奚以异！且吾闻之，不以所用养害所养。』因杖笑而去之，民相连而从之，遂成国于岐山之下。夫大王亶父，可谓能尊生矣。能尊生者，虽贵富不以养伤身，虽贫贱不以利累形。今世之人居高官尊爵者，皆重失之。见利轻亡其身，岂不惑哉！

周文王的祖父亶父居住在邠地，受到狄族人的攻击。他向狄人献上皮毛绸帛，狄人不要，献上犬马，狄人也不要；献上珠宝玉石，还是不要。狄人要的是土地。亶父说：『与人家的哥哥住在一起而要人家的弟弟去送命，与人家的父母住在一起而要人家的儿子去送命，这不是我能狠心做得出来的事。你们都坚持住下来吧，当我的臣民与当狄人的臣民又能有多大分别？而且我听人家说过，要土地是为了养活民人，总不能为土地而为害民人吧？』于是他扶着拐杖就走了，民人成群结队地跟随着他，到了岐山，另成立一个侯国。像大王亶父这样，算是足够尊重生命的了；能够尊重生命的人，不会由于富贵而养尊处优反而伤害身体，也不会由于贫贱而贪利以致牵累自身的形象与行止。如今的高官尊贵之人，都生怕失去自己的官衔俸禄，见利忘身，不知自爱，这未免是太糊涂了吧！

这个事例有些极端，道理却很可爱。为了避免战争，避免民人（我在书中多用『民人』一词，是由于现时最最常用的『人民』其实是一个解放区的时尚新词，特别在一九四九年前后此词有强烈的意识形态含义，政治含义，与庄子时期对于百姓、民人的观念不怎么相同）的伤亡，而连国土都不要了，这是现代人很难理解与接受的。这与当时的政治地理与人文地理情况有关：第一，那时只知有侯国间的纷争，有民族间的争夺，没有现代的民族国家生死存亡之战。第二，那时的土地辽阔，人口稀少，这里不是说了，亶父走到一边，再建一个侯国也就行了，这当然是如今所无法想象的。第三是书里没有说的，这里肯定有实力对比的背景，如果亶父军事力量上处于绝对优势，入侵者打来，灭掉他就是了，同样可以找出为民谋长治久安、创万年太平的堂皇理由。如果实力不济，退避三舍倒也符合『打得赢就打，

王蒙讲说《庄子》系列

打不赢就走”的原则，而且可以打出爱好和平的旗号，有利于收买人心。宣父一走，带走了一批人，更加不足为奇当年沙皇俄国占领新疆伊犁十年，左宗棠大军压过去，俄军撤走，也带了不少百姓走，并在边境线那边建设了与伊犁这边同名的许多村庄乡镇。

越人三世弑其君，王子搜患之，逃乎丹穴。而越国无君，求王子搜不得，从之丹穴。王子搜不肯出，越人熏之以艾，乘以王舆。王子搜援绥登车，仰天而呼曰：“君乎！君乎！独不可以舍我乎！”王子搜非恶为君也，恶为君之患也。若王子搜者，可谓不以国伤生矣，此固越人之所欲得为君也。

在越国，人们已经连续三代把本国的国君杀掉了，为此，王子搜深感忧虑，他跑到山洞中不肯出来。结果，越国找不到做国君的人了。人们找不到王子搜，一直追踪到了丹穴山洞，王子搜仍然拒绝出来。越国人就点燃了艾蒿，用烟雾把王子搜熏了出来，让他坐上国君的辇车。王子搜扶着绳索上车，仰天呼喊道："老天呀，怎么就不能放我一马呢！"王子搜并不是讨厌国君位子本身，而是厌恶当国君带来的麻烦与危险。像王子搜这样的人，是不会为了王位而伤害生命的，不愿为国伤害生命，这正是越人要他做国君的原因所在。

这里显然有两种思路。一种是杀身成仁，舍身取义，大丈夫重义轻生，"人生自古谁无死，留取丹心照汗青"（文天祥），"有的人活着，他已经死了；有的人死了，他还活着"（臧克家）。总而言之，把忘我、献身、时刻准备英勇牺牲作为贤臣、烈士、忠良的首要标准。

但老庄的说法是另一种思路。他们认为，生命才是第一位的，如果国君轻生，他必然不知爱惜民力民生民人，必然出手轻率、决策躁戾、好大喜功，国无宁日，民无宁日。恰恰是拒绝王位的人，才证明他本人并无权欲野心，不会拿着吾土吾民当赌注换取自己的历史功勋，不会搞冒险主义，也不会无事生非，扰民害民。

前一种思路偏于伟大、超人、英雄主义、浪漫主义，弄不好会有牛皮狂妄、画虎类犬、劳民伤财、脱离实际的毛病。后一种思路寓超拔脱俗于平实亲和之中，它符合常识、稳定惜福、保境安民，弄不好会从另一端变成庸俗实用、窝窝囊囊、胆小怕事、不思进取。

尤其问题在于：你清明逍遥、不添乱、不生事，夫唯不争，故莫能与之争，但更多的人是俗人，是浅薄之人。如果有道性的人一个个躲到山洞中去了，外面的世界归了谁呢？归了厚颜无耻的人、名利熏心的人、吹牛冒泡的人、贻害天下的人啦！怎么办呢？

韩魏相与争侵地。子华子见昭僖侯，昭僖侯有忧色。子华子曰："今使天下书铭于君之前，书之言曰：'左手攫之则右手废，右手攫之则左手废，然而攫之者必有天下。'君能攫之乎？"昭僖侯曰："寡人不攫也。"子华子曰："甚善！自是观之，两臂重于天下也，身亦重于两臂。韩之轻于天下亦远矣，今之所争者，其轻于韩又远。君固愁身伤生以忧戚不得也！"僖侯曰："善哉！教寡人者众矣，未尝得闻此言也。"子华子可谓知轻重矣。

关于天下会盟的文书，此时魏国贤人子华子去见韩国国君昭僖侯，昭僖侯面带愁容：子华子说："设若现在有一份砍掉他的左手，但取得了此份文书的人将拥有天下"，请问，你还会去拿取这份文书吗？"昭僖侯说："不会，这样，谁要是用左手去拿取这份文书就砍掉他的左手，但取得了此份文书的人将拥有天下"，请问，你还会去拿取这份文书吗？"昭僖侯说："不会，这样，谁要是用右手去拿取这份文书就

九三二

王蒙讲说《庄子》系列

我就不会去要这样的文书了。"

子华子说："很好，从这里可以看出，两手两臂比天下重要得多，身体生命又比两臂重要得多，而韩国比起天下又远没有那么重要。现如今，你们与魏国的争执又比韩国存在的重要性差远了。君王为这么点事而忧愁伤身，是太不值得了。"昭僖侯说："你讲得好啊，前来的人多了，但我还没有听过这样透彻的分析。"子华子算是分得清轻重主次的人啦！

治天下之权与生命，哪个更重要？这里《庄子》硬是主张生命第一，全生第一，其他都是身外之物。这在当时也许包含着止息争夺战乱的意图，但令其实现是太难了。问题在于，如果这套道理能令韩国国君信服，从而退让不争，那么请问，为何另一方魏君不能接受同样的道理呢？韩思魏退，魏思韩退，不还是得打起来吗？还有，一退即止，也许还可，如果你退让的结果是对方的得寸进尺呢？请魏君退让当不更好？如果与京剧《武家坡》中王宝钏的台词一样『再退就没有路了』呢？人与人、国与国、族群与族群间的竞争心、争夺心、利益冲突是难以完全避免的，子华子的道理虽然通俗易懂，实乃太小儿科了。一相情愿的雄辩，只讲一面理的小儿童话，又能解决什么问题呢？

鲁君闻颜阖得道之人也，使人以币先焉。颜阖守陋间，苴布之衣而自饭牛。鲁君之使者至，颜阖自对之："恐听者谬而遗使者罪，不若审之。"使者还，反审之，复来求之，则不得已。故若颜阖者，真恶富贵也。

故曰，道之真以治身，其绪余以为国家，其土苴以治天下。由此观之，帝王之功，圣人之余事也，非所以完身养生也。今世俗之君子，多危身弃生以殉物，岂不悲哉！凡圣人之动作也，必察其所以之与其所以为。今且有人于此，以随侯之珠弹千仞之雀，世必笑之。是何也？则其所用者重而所要者轻也。夫生者，岂特随侯之重哉！

鲁国国君听说颜阖是一个得道之人，就派人给他送了些钱财去。颜阖住在陋巷中，穿着粗麻布衣服，正在那里喂牛。使者听着有理，便回去了。要求确认，等确认完了，再来找颜阖，可就找不着了。这样说来，颜阖这样的人是当真厌恶富贵荣华的了。

人掌握大道，首先是为了爱护好安排好自身；有点余力，剩下点渣滓，可以用来谋天下、取天下、治天下。由此可见，帝王的功业本来是圣人捎带手的业余活动，而养生全身才是圣人的首要追求。如今世俗的有点地位的人物，往往会是为了外在的目的去危及自己的身体、舍弃自己的生命，这不是太可悲了吗？圣人有什么行为动作，让我们想一想，如果出来这么一个人，抛起随侯的宝珠去打一只高飞的麻雀，他是为了什么与是怎么样去行动。好他是为了什么去行动。一定会受到世人的嘲笑，为什么呢？他付出最重的东西去求取最没有什么价值的东西。我们现在说着的可是生命啊，其价值又远远不是随侯的宝珠所能比拟的呀！

随侯之珠的故事比较有趣，颜阖拒财的事很高尚，略显生硬。这里恐怕有前提的预设，就是鲁君很糟糕，政治很黑暗，得到鲁君的赏赐很丢人也很危险。天下没有免费的午餐，从使者那里收取财货，底下的事就会吃不了兜着走了。这样

王蒙讲说《庄子》系列

的前提却也有一种麻烦，孔子讲的宁武子的原则是邦有道则智，邦无道则愚，在邦无道的情况下你表现得太清高而且各色了，是不是最好的选择呢？还有，使者没有弄清任务就去办事，给君王当差，这可能吗？听了颜阖的强词夺理的两句话，就把钱财收回找君王再确认，也显得勉强。颜阖之清高清高矣，却也有点大隅无方的感觉。老子本来是讲大方无隅的，即真正的方正是看不出棱角来的，这个故事却夸张地带棱带角了。老子还说"圣人方而不割，廉而不刿，直而不肆，光而不耀"，圣人应该是方正而不生硬，廉洁而不尖锐，耿直而不放肆，光明而不耀眼，这与此地描写的颜阖也有不同。颜阖用巧言欺骗耍弄了鲁君的使者，令人微有不安。按照真正的老庄的原则，其实颜某无妨收下钱财，可散发给困难的乡亲，再徐徐遁去。

以珠打雀的故事好玩。事实就是这样。多少人为了一口气，为了没有升上级，没评上高级职称，为了与亲属的一点小纠纷，为了听到了一句不相干的恶言，为了情绪上的一点不顺，积恼成疾，一命呜呼，反应过度，害人害己……多了去啦！

看来《庄子》不但有妙论玄思、超越拔高、飞升遨游的半仙之体，也有极苦口婆心的务实之论、救世救人之论。一个人连自身的生命都护不住，连自己的情绪都控制不住，他能有把握保护国家与人民生命财产的安全吗？他能控制住驾驭住天下大局吗？这个说法虽不全面，但也不无道理。

大道首先用来完身全生，有点余力才搞帝王之业——这个说法出人意表。只能这样理解，东周时期，我中国陷入了政治军事斗争（其实是内战）的疯狂之中。庄子与他的门徒们怎么办？他只好杯水救火，一块冰制凉，力图将君王们的权欲、争斗狂、赌徒心态往养生全身上引。尤其是政治斗争，因素诸多，变数无尽，越急越没戏，越愁越凄凉，越想主意越做蠢事，越迫切越自取灭亡。庄子与其门徒们讲，你政治搞点业余的就行了，霸业捎带手划拉划拉就够了，千万别投入，别押宝，别一条道走到黑。这话虽嫌轻佻了些，仍然有它的针对性与可参考性。

二 见利忘义还是有所不受

子列子穷，容貌有饥色。客有言之于郑子阳者曰："列御寇，盖有道之士也，居君之国而穷，君无乃为不好士乎？"郑子阳即令官遗之粟。子列子见使者，再拜而辞。使者去，子列子入，其妻望之而拊心曰："妾闻为有道者之妻子，皆得佚乐。今有饥色，先生不受，岂不命邪？"子列子笑谓之曰："君非自知我也。以人之言而遗我粟，至其罪我也又且以人之言，此吾所以不受也。"其卒，民果作难而杀子阳。

子列子生活艰窘，面色难看，一看就是没吃饱的样子。有人对郑国的相国子阳说："像列御寇这样的人呀，那可是有道行的人，住在你的国家却生活艰窘，这是不是由于你不懂得爱惜人才所造成的呢？"郑子阳听了，就派人给子列子送粮食过去。子列子恭恭敬敬地谢绝了。使者走后，子列子回到内室，妻子抚着胸口对他说："人家说，如果是得道之人的妻儿，应该过得上幸福安逸的生活。如今呢，我们跟着你，一副吃不饱的模样，相国爷从这儿过，给你送点粮食，你还不要，难道是天生的穷命吗？"

子列子笑着说："相国爷并不是自己对我有所了解，有所肯定的呀！他听了他人的话才给我送粮，如果只是听了

王蒙讲说《庄子》系列

别人的话就给我送粮，也就会因为听了谁谁的话怪罪我什么事。所以说，我不能接受这样的赏赐啊！

其后，果然郑国发生了动乱，民人作乱把子阳给杀掉了。

继续发挥有所不收不受的道理。稍稍牵强一些，如果能听得进别人讲你的好话，这不能说就不算数。尤其是高官大臣君王，他们面对的是十百千万个对象，能事事亲自事都由自身来掌握第一手材料，由自己下决心呢？子列子的道理倒不像颜阖那样生硬与尖锐（割与刿），他们面对的是十百千万个对象，能事事亲自去了解去判断吗？子列子的道理倒不像颜阖那样生硬与尖锐（割与刿），但是积累了不少矛盾，子列子这才注意与之拉开距离的。

或谓，关键在最后一句话，子阳为相并不是没有问题，而是积累了不少矛盾，子列子这才注意与之拉开距离的。

是一说，从侧面说明了，仅仅说是子阳并非亲自了解自己，以之当做示好的借口，不太站得住。

无论如何，对于威权者的示好，对于威权者提供的物质资助，能够毅然谢绝，仍然是值得称道的。受辱固然是对于人的考验，受礼遇受馈赠呢？可能是更大的考验。谁能做得像子列子一样好呢？

楚昭王失国，屠羊说走而从于昭王。昭王反国，将赏从者，及屠羊说。屠羊说曰："大王失国，说失屠羊；大王反国，说亦反屠羊。臣之爵禄已复矣，又何赏之有哉！"王曰："强之！"屠羊说曰："大王失国，非臣之罪，故不敢伏其诛；大王反国，非臣之功，故不敢当其赏。"王曰："见之！"屠羊说曰："楚国之法，必有重赏大功而后得见，今臣之知不足以存国，而勇不足以死寇。吴军入郢，说畏难而避寇，非故随大王也。今大王欲废法毁约而见说，此非臣之所以闻于天下也。"

王谓司马子綦曰："屠羊说居处卑贱而陈义甚高，子綦为我延之以三旌之位。"屠羊说曰："夫三旌之位，吾知其贵于屠羊之肆也；万钟之禄，吾知其富于屠羊之利也；然岂可以贪爵禄而使吾君有妄施之名乎！说不敢当，愿复反吾屠羊之肆。"遂不受也。

楚昭王丢了侯位，逃亡在外的时候，有一个宰羊的名叫说的人跟随着他。后来昭王翻了盘，返回了楚国，准备奖赏跟随他流亡的人，也想到了宰羊的说。说说道："大王丢了国家出走的时候，说也丢掉了宰羊的本行，如今大王恢复了楚国，说也恢复了宰羊的职业，等于我的爵位俸禄都有了，我怎么会还需要什么别的奖赏呢？"昭王说："强令他受奖吧。"说说："当您亡国，并不是我的罪过，所以我也就不想承担起被诛杀的死罪；现今您光荣复国，也不是我的功劳，吴军打到咱们的郢都来，我是因为躲避敌人、害怕困难才跟着你走的，并不是有什么政治上的选择或者坚定性，灭敌人，保卫楚国，勇敢不足以消灭敌人，吴军打到咱们的郢都来，我是因为躲避敌人、害怕困难才跟着你走的，并不是有什么政治上的选择或者坚定性，如今大王要违背法律与约定接见与表扬我这个人，这可不是我出人头地的正路啊！"

楚王对司马名綦的人说："这个宰羊的说，地位虽然低下，他讲的道理实在高尚，我要请他就任公侯伯三公的职位。"

宰羊者说说："我当然知道，三公之位远远高于宰羊的事由，万钟的俸禄远远多于宰羊的效益，但是我不敢由于贪图爵位俸禄闹得让大王背上妄加施恩的恶名。算了吧，我还是回到我的羊肉铺子去吧！"最终，他没有接受由这些恩宠。

屠羊说的言谈，颇像今日的职业律师。他是在条分缕析、明察秋毫，滴水不漏、眼里不掺沙子地雄辩滔滔，而又做到了人情人理。他不是为了争夺与保护自己的权益，而是为了拒绝自己认为不应该获取的名利地位。例如，他说到

王蒙讲说《庄子》系列

三 清贫万岁！清醒乎自恋乎

原宪居鲁，环堵之室，茨以生草，蓬户不完，桑以为枢，而瓮牖二室，褐以为塞；上漏下湿，匡坐而弦。子贡乘大马，中绀而表素，轩车不容巷，往见原宪。原宪华冠縰履，杖藜而应门。子贡曰："嘻！先生何病？"原宪应之曰："宪闻之，无财谓之贫，学而不能行谓之病。今宪，贫也，非病也。"子贡逡巡而有愧色。原宪笑曰："夫希世而行，比周而友，学以为人，教以为己，仁义之慝，舆马之饰，宪不忍为也。"

孔子的弟子原宪住在鲁地，居处窄小拥挤，生草盖的房顶，灌木蓬蒿做的门户歪七扭八，桑木做的枢纽，用破瓮做的窗户框，用粗布帘分开了两间房，上漏下潮，他却端坐在那里弹琴。另有孔子的弟子子贡，骑着高头大马，穿着讲究的青色内衣与洁白的外套，进入了容不下宽车大马的窄巷子，去找原宪。原宪戴着桦树皮帽子，趿拉着平底鞋子，扶着藜杖来开门。子贡说："哎呀，先生你有什么毛病（难处）吧？"原宪回答说："根据我的了解，没有钱只能叫贫穷，学到了东西却不去实行，学用两分家这才叫毛病（难处）。我现在只不过是贫穷罢了，并不是什么有毛病。"

说得子贡磨磨蹭蹭挺不好意思。原宪笑了，他说：'为了得到好处而做事，结交朋友拉关系，为了向他人炫耀而学习，标榜着仁义却去做坏事，用车马的讲究来打扮贴金，这些事，我无论如何是没有脸去做的呀！'

细节带几分生动，两个问题也许矫情。第一，有道有品位的人必须穷光腚吗？只有坏人小人才能致富吗？人生只能在赤贫冻饿与为富不仁、可怜蜗居与舆马宫室两个极端中间选择吗？就没有个中不溜的、大致两全的状态吗？第二，就是清高伟大的原宪，也还要有土屋蓬户瓮窗藜杖……还是有待于物质条件对于基本不致冻饿而死的保证，他仍然是食烟火与衣葛麻的，他还要扶着藜杖呢，他也并不是只需餐风饮露，不必强勉，清高而贫贱者见到富贵而低俗者多看一眼，哪里用得着与之进行辩论呀！付之一笑也就足够了，因为，你既然清高伟大，根本不会对富贵低俗者不是太与自己的精神境界无法匹配了吗？

很简单，鄙俗者需要不断地自我证明自己的成功胜利，需要不断地自我炒作造势穷诈唬，而清高者只需低头专心做事，专心弹琴唱歌也比去逗口舌之巧去羞辱或驳倒鄙俗者好。

自己只是因为害怕敌人，不得不逃亡，并无立功保楚王的任何因素在内，这给人过于严苛的感觉。各种功业善德，如果硬从动机上抠，也许只是一种本能的反应，未必有大智大勇的雄心壮志。屠羊说竟然自我解构，使自己不获得任何褒奖赏赐提升，关键还在于屠羊说对自己的清醒估计——我就是这么块料我就是宰羊的民人，我只求能正常地宰羊为生，我不贪图进入什么朝廷、官阶、白领。这一点是非常难得的。

在芸芸众生蝇营狗苟追名逐利，争权夺利，不惜白刀子进红刀子出，不惜夫妻反目，父子成仇的那个时代，此人怎么会这样伟大高明，而且能说会道，怪不得他名'说'了！

他是真能说呀，他偏偏为拒绝好事而说，真是少见啊！

这里流露着一种难得的清醒：无功受禄，捡到从天上掉下来的馅饼，暴得功名，大凶。

王蒙讲说《庄子》系列

曾子居卫，缊袍无表，颜色肿哙，手足胼胝。三日不举火，十年不制衣，正冠而缨绝，捉衿而肘见，纳屦而踵决。曳縰而歌《商颂》，声满天地，若出金石。天子不得臣，诸侯不得友。故养志者忘形，养形者忘利，致道者忘心矣。

曾子住在卫地，身上穿的是糟烂得分不出里与面、破碎的袍子，十年没有置办过新衣服。三天不生一次火正经做饭，蹬一下鞋靴，后跟处就开了绽。他跋拉着破鞋，高歌《商颂》之曲，声音充满天地，完全是金石般的响亮之声。天子无法使用支配他，诸侯无法与他交际套瓷。所以说，注重培养发育自己志向的人会忘记自己的形体，注重保护与滋养自己形体的人会忘记自己的蝇头小利。

中国确实有尊崇清高的传统，多少能为弱者们出一点虚气。中国人有重精神享受、精神品格、精神境界的传统，这倒是很好。而一心求大道的人呢，就干脆彻底忘掉自己的心机心计心事啦！仇贵的传统，多少能为富不仁抗一抗，哪怕是阿Q式地从精神上胜它一利。尤其是现在，一些个暴发户，一些短平快的一时获利者，浮躁到了极点，狷狂到了极点，读读《庄子》有好处。顺便说一下，老王可不是穿破絮的人，老王的葡萄是甜的，一点不酸。

孔子谓颜回曰："回，来！家贫居卑，胡不仕乎？"
颜回对曰："不愿仕。回有郭外之田五十亩，足以给飦粥；郭内之田十亩，足以为丝麻，鼓琴足以自娱，所学夫子之道者足以自乐也。回不愿仕。"
孔子愀然变容曰："善哉回之意！丘闻之：'知足者不以利自累也，审自得者失之而不惧，行修于内者无位而不怍。'丘诵之久矣，今于回而后见之，是丘之得也。"

孔子对颜回说："颜回呀，你过来！你家境贫穷，地位卑贱，为什么不去做官呢？"
颜回回答："我不愿意做官。我在郊外有五十亩土地，足够我喝粥糊口的了。在城内我还有十亩地，足够我养蚕种麻做衣裳的了。弹弹琴，我可以自我娱乐。从您那里学到的那些道理，也足够我高高兴兴地受用一辈子的了。我可不愿意去做什么官呀！"
孔子愀然一下变了脸色，说："颜回的心意太好了呀！我听说过：'懂得知足的人不会贪图利益而自找麻烦，自得其乐、达观的人不会因为有点损失挫折就沮丧。有修养的人不会因为没有地位而抬不起头来。'这些道理我讲得很久了，今天从你身上我见到了标杆，我今天算是很有收获呢！"

中国的官本位意识，至少从东周时期已经形成了。想想看苏秦与他的嫂嫂的故事吧，他嫂嫂对他前倨而后恭，无耻已极，只因为后来苏秦当上了大官。像庄子这样，本人不喜当官，又在他或他的学生的书写里如此贬低官本位，少见。

中山公子牟谓瞻子曰："身在江海之上，心居乎魏阙之下，奈何？"瞻子曰："重生。重生则轻利。"中山公子牟曰："虽知之，未能自胜也。"瞻子曰："不能自胜则从，神无恶乎？不能自胜而强不从者，此之谓重伤。重伤之人，无寿类矣。"

中山公子牟对瞻子说："我身在江海旷野之中，心却仍然流连在朝廷宫阙那边，你说我该怎么办呢？"瞻子说："你要重视生命。重视了生命自然会轻视名利。"中山公子牟说："虽知之，未能自胜也。"瞻子曰："不能自胜则从，神无恶乎？不能自胜而强不从者，此之谓重伤。重伤之人，无寿类矣。"

魏牟，万乘之公子也，其隐岩穴也，难为于布衣之士，虽未至乎道，可谓有其意矣。

王蒙讲说《庄子》系列

要重视生命，重视了生命，就会看轻那些身外的利禄。

我自己的欲望。"瞻子说："战胜不了自身，就跟随着欲望走吧。"（或是说，战胜不了自身，也只能随波逐流认命啊！）人的精神是会有许多痛苦的。战胜不了自身，又不能顺从自身或顺从命运，自己与自己强争苦斗，那就叫严重的自我伤害。严重自我伤害之人，还怎么活下去啊！

这位公子牟，是王室公子，金枝玉叶，能隐居在岩石山洞之中，他不完全甘心做老百姓，虽然算不上得道之人，也算是沾了点仙气或者有那么点意思的啦！

这里的关键是这个"从"字。前贤多认为是说不要自我斗争太苦，不能胜己，就顺着自己吧。可能不错，但也不无自相矛盾处。能不能得到功名利禄，难道是自己的愿望所决定的吗？难道得不到功名利禄的人都是由于不从顺自我，自己与自己作对才鸡飞蛋打名利双失的吗？再从庄子的一贯主张来看，他从来没有说过可以顺着自己的名利欲望走，如果他忽然主张起顺从欲望来，前边的那么多非利非欲的主张全部作废了吗？如此这般，我尝试从另一个角度想想。你身在江海就顺应江海吧，你身在蓬蒿就顺应蓬蒿，时顺命嘛，到哪儿说哪儿嘛。你心存魏阙就心存魏阙吧，做梦吃肉包，就梦中吃足，梦后舔嘴唇吧！不要连嘴唇都不让舔，不要连梦里娶媳妇都挨批判！

还有一点有趣的是，这句话后来也成了有名的成语，略有改变，叫"身在江湖，心存魏阙之上"，含义解释为：人已经下野，仍然惦记着朝廷的事。也许多半解释为在位不在位都忧国忧民的大好意思。莫非真有这种好意在焉？就

更说远了吧？

最后结束于对于魏牟的评价，评得很厚道，不像内篇中对于列子御风的评价，好上还要加好，高上还要更高，非把高人再往下压压才可。说是魏牟实际上难于为布衣之士，他其实当不了老百姓，但是能进进深山，住住岩洞，也算有点道意了。

孔子穷于陈蔡之间，七日不火食，藜羹不糁，颜色甚惫，而弦歌于室。颜回择菜，子路、子贡相与言曰："夫子再逐于鲁，削迹于卫，伐树于宋，穷于商周，围于陈蔡，杀夫子者无罪，藉夫子者无禁。弦歌鼓琴，未尝绝音，君子之无耻也若此乎？"

颜回无以应，入告孔子。孔子推琴喟然而叹曰："由与赐，细人也。召而来，吾语之。"

子路、子贡入。子路曰："如此者可谓穷矣！"

孔子曰："是何言也！君子通于道谓之通，穷于道谓之穷。今丘抱仁义之道以遭乱世之患，其何穷之为！故内省而不疚于道，临难而不失其德，天寒既至，霜雪既降，吾是以知松柏之茂也。陈蔡之隘，于丘其幸乎！"

孔子削然反琴而弦歌，子路扢然执干而舞。子贡曰："吾不知天之高也，地之下也。"

古之得道者，穷亦乐，通亦乐。所乐非穷通也，道德于此，则穷通为寒暑风雨之序矣。故许由娱于颍阳而共伯得乎共首。

孔子在陈国与蔡国之间陷入了困境，七天没有生火做饭了，做点汤羹吧，里头连个粮食粒都没有。他的脸上显出

王蒙讲说《庄子》系列

孔子游说列国屡屡败绩的故事见于各家各书，《庄子》杂篇上的这一段有它的可圈可点之处。首先，孔子在艰难的艰苦境遇下照样能快乐地度日。

在卫国无声无迹，大约是被封杀了痕迹与影响。在宋国树下讲学，连给他遮阴的大树也被人砍伐掉。他在商周二地穷途末路，又在陈蔡之间受到围困。意欲杀害先生的人无罪，任意污辱先生的人不被阻禁。这种处境下，先生的演奏与歌唱不停，世界上竟有这样不怕丢人的人吗？

颜回不知道怎样回应他们才好，便去告诉了孔子。孔子把正在抚奏的古琴一推，叹了一口气，说：「子路与子贡这是小人（？）之见，叫他们来，我与他们谈谈吧。」

二人来了，孔子问他们是怎么个说法，子路说："我们感到的是，咱们这回可真是进入了穷困的境地啦！"

孔子说："这叫什么话！君子一切以大道为标准，搞得通大道的就叫通，感觉到大道已经无法再精进一步了的叫穷。我现在的处境是掌握了仁义的大道，却遭遇了世道昏乱的阻害，这算什么穷困之境呢？我自我反省，并没有在对于大道的领悟与宣讲上感到困厄，面对外界的麻烦事故，我的表现也都符合德行的准则。这就好比天气寒冷了，雪要降下来了，我们更知道了松柏蓬勃的生命力。陈蔡之间的这点考验，不过是天气变化，那说明我生正逢时啊！"

孔子恢复了高兴的神色抚琴唱歌，子路拿起了木牌奋力起舞。子贡说："我们真不知天高地厚呀！"

古时候得道的人，命运通达时是快乐的，命运穷困的时候照样是快乐的。他们快乐的来由与内容根本不在于自己的通达与穷困，而在于自身与大道同在。既然与大道相合了，那么命运的通达与穷蹇，对于他们来说，不值得计较。这样，许由、共伯在颍阳、共首冷了热了，起风了下雨了这一类外在的必有的先后替换式的变化罢了，不值得计较。

的艰苦境遇下照样能快乐地度日。

这实在是好事。

子路子贡对老师孔丘有所不理解，这太正常了，遇到那种七天不举火执炊的情势还能抚琴歌唱，有所悲观有所困惑则是完全正常的。颜回只好去汇报，好玩。而且孔子一听就批评子路子贡是「细人」，我怀疑那时的细人是否一定要作小人解，也许只是说他们心胸偏于纤细，不够开阔吧！但七日不炊毕竟首先不是心胸问题而是肠胃问题啊。换一个角度，也许此段描写会引起人们对于颜回行事风格的质疑，孔子对于颜回是称赞得最多的，难道其中也有颜回可能遇事汇报的因素？也许这只是歪批的性质吧？

只有道的穷通（通蹇），没有事功、命运、俗务方面的穷通，这样说一说，很好。但穷通二字的本义一般是指命运指运气，不应是指学术修养，可以讲通与不通，却难讲穷与不穷或蹇与不蹇。

得了大道，对于命运的穷通看得如同寒暑风雨的相互代替一样，这话说得好。人生与天气一样，常会有不测风云，常会有升温降温开阔而且客观，这确实是通人的表现。但这样一说，更证明穷与通的判断不可能完全离开形而下的遭遇，当然包括吃得上热饭还是吃不上热饭。

四 世事何肮脏，死以守清白

舜以天下让其友北人无择。北人无择曰："异哉后之为人也，居于畎亩之中而游尧之门！不若是而已，又欲以其辱行漫我。吾羞见之。"因自投清泠之渊。

汤将伐桀，因下随而谋。卞随曰："非吾事也。"汤曰："孰可？"曰："吾不知也。"汤又因务光而谋，务光曰："非吾事也。"汤曰："孰可？"曰："吾不知也。"汤曰："伊尹何如？"曰："强力忍垢，吾不知其他也。"汤遂与伊尹谋伐桀，克之，以让卞随。卞随辞曰："后之伐桀也谋乎我，必以我为贼也；胜桀而让我，必以我为贪也。吾生乎乱世，而无道之人再来漫我以其辱行，吾不忍数闻也。"乃自投椆水而死。

汤又让务光曰："知者谋之，武者遂之，仁者居之，古之道也。吾子胡不立乎？"务光辞曰："废上，非义也；杀民，非仁也；人犯其难，我享其利，非廉也。吾闻之曰，非其义者，不受其禄，无道之世，不践其土。况尊我乎！吾不忍久见也。"乃负石而自沉于庐水。

舜打算把天下让给他的朋友北人无择。北人无择说："君王的为人太怪异啦！他本来躬耕于田亩之中，却动辄到尧君的宅门里串串，后来接受了尧的禅让，这还不算完，又要用他的那一套不光彩的作为来玷污到我这儿，于见这样的人。"于是他投入清泠之深渊，自尽了。

商汤要讨伐夏桀，找卜随来商议，卞随说："这不关我的事。"商汤量商量好呢？"卞随说："我不知道。"于是汤找了务光商议，务光说："这事我可说不了。"汤问："找伊尹商量商量好不好？"务光说："伊尹这个人能坚持，能忍辱负重，别的我就说不好了。"

商汤与伊尹研究了伐桀的事，把夏桀拿下来了，然后他打算把天下的一半让给卞随。卞随说："当初国君找我商量伐桀，这是认为我很精明狠毒。现在君王胜了，又要把天下让给我一半，那一定是认为我这个人很贪婪。我生活在乱世，而汤这样的无道之人多次用他丢人的行为来搅扰我，这不是我所能屡屡承受的。"他明白并且接受：做了不符合道义与规范的事，便更不能接受因做此种事情而被赠与的俸禄。（无道的国土，根本就不应该去，何况是尊崇我去当什么君王呢？我可不能长期地面对这样不光彩的局面。）于是，他给自己绑上石块，沉入庐水，自尽而死。

于是商汤转而要将半个天下让给务光，他说："有智谋的人才能作出正确的谋划，勇敢无畏的人才能接纳与完成这样的谋划，由仁爱之人来坐天下，这是自古以来的法则。你为什么不能挺身而出呢？"务光推辞说："搞掉在上位的夏桀，这是不讲道义。杀了不少民人，这是不讲仁爱。别人去苦战，我来享受胜利的果实，这就是不廉洁。我早就明白并且接受：做了不符合道义与规范的事，便更不能接受因做此种事情而被赠与的俸禄。（或对于不讲道义者，决不可接受他的俸禄。）无道的国土，根本就不应该去，何况是尊崇我去当什么君王呢？我可不能长期地面对这样不光彩的局面。"于是，他给自己绑上石块，沉入庐水，自尽而死。

好家伙，越说越厉害极端，不但不能参与坏事，一切政事世事国事，一切体制内的事情都必须远远避离，逆风远去二百里，不但不能参与商议、作为、加官晋爵、受赏领饷，听到了世俗庸俗的话语都无颜见人，愧对父老友人，都要自杀全节。偏偏这些二人名声在外，而且都是君王的哥们儿，是君王的首选，光芒四射，欲盖弥彰，最后一个个排着队自杀。尤其是卞随，不事事功，无为逍遥，但也没有反对过商汤之得天下，等到要让给他天下了，他再把成汤革命的事

王蒙讲说《庄子》系列

人似乎很有道性，决定不妨试着过去看一看。到了岐阳，他们的到来被周武王知道了，武王便让叔旦去见他们，与他们相约，给他们的俸禄要提高两级，而官职属于头一等。还要按最正规的仪式将盟书蘸上牲畜的鲜血埋于地下，以示郑重禀天。伯夷、叔齐二人相视而笑，说道：「这事可怪啦，这并不是我们追求的大道呀！当年神农氏统治天下的时候，按时按季祭祀，十分崇敬，但并不祈求什么好事好处，对天下人他也是恪忠恪信，但并不对民人要求什么。他绝对不追求功利，愿意参与议政的人就让他参与政的人就让他管点事好了。他从不以别人的卑下来当成自己的成功，还不会以机会的出现来谋求自身的利益。现在周国看到商纣造成的乱局，就急急忙忙地想取而代之，从上边先大加谋划，杀牲祭天来盟誓以取得信用。讨伐征战来争权夺利，这是用发起动乱来替换商纣的暴虐，积累（或广用）财货，依仗兵力来保持声威，古代的士人，遇到治世不躲避责任，处于乱世不追求苟活。现在是世道黑暗，殷商德行衰微，再加上周国的问题来玷污我们的身心，不如躲避开这些肮脏来保持自己的原则与价值观念而心怀快乐，饿死在首阳山了。像伯夷、叔齐这样的人，即使能够得到富贵荣华，他们也是完全不感兴趣的。他们有高尚的名节、独特的品行，他们为坚持住了自己的原则与价值观念而心怀快乐，他们不肯侍候那些庸俗的世人，这就是二位先生的节操原则呀！

《庄子》在前文中对于伯夷、叔齐是不以为然的，因为他们为了后天的名节原则而害了自己的性命，这里突然转变了观点。这个故事编得不无拙劣，敢情不是武王啰唆了他们，而是他们为寻找得道者把自己送到了武王跟前，这是

王蒙讲说《庄子》系列 九四九

在周朝开始兴起的时候，孤竹国里有两位士人，一个叫伯夷，一个叫叔齐。一次二人听说西边一个地方有个

昔周之兴，有士二人处于孤竹，曰伯夷、叔齐。二人相谓曰：「吾闻西方有人，似有道者，试往观焉。」至于岐阳，武王闻之，使叔旦往见之，与之盟曰，加富二等，就官一列。血牲而埋之。二人相视而笑，曰：「嘻，异哉！此非吾所谓道也。昔者神农之有天下也，时祀尽敬而不祈喜，其于人也，忠信尽治而无求焉。乐与政为政，乐与治为治，不以人之坏自成也，不以人之卑自高也，不以遭时自利也。今周见殷之乱而遽为政，上谋而下行货，阻兵而保威，割牲而盟以为信，扬行以说众，杀伐以要利，是推乱以易暴也。吾闻古之士，遭治世不避其任，遇乱世不为苟存。今天下暗，周德衰，其并乎周以涂吾身也，不如避之以絜吾行。」二子北至于首阳之山，遂饿而死焉。若伯夷、叔齐者，其于富贵也，苟可得已，则必不赖。高节戾行，独乐其志，不事于世，此二士之节也。

在周国看到商纣造成的乱局

九五〇

人似乎很有道性，决定不妨试着过去看一看。

昔周之兴，有士二人处于孤竹，曰伯夷、叔齐。

批个体无完肤，甚至为之而自尽，用意何在呢？按照老子的说法，你应该渊深静默，知雄守雌。按照《庄子》内篇说法，你应该如槁木死灰般，按照《庄子》外篇说法，你应该呆若木鸡，按照孔子说法，你应该邦无道则愚。如果你做到了这些，你还会被君王们看中吗？被君王看中了，却又洁癖至于活不下去，这不是有点咎由自取吗？这也与《庄子》外篇《天道》讲的是"无为则俞俞，俞俞者忧患不能处，年寿长寿了"，也就能健康长寿了）。"其天守全，其神无郤，物奚自入焉？"（《达生》）他们的良知良能是完整的，他们的精神是无缺失，未受干扰的，外物与对立面又怎么会对他们有这么大的干扰呢？

静无为了就能轻松愉快了，轻松愉快了就不会受到忧患的侵扰了，他们的良知良能是无缺失的（清

王蒙讲说《庄子》系列

什么意思呢？如果你倾心的是大道，应该更沉稳、静笃、恬淡、自然，到处跑个啥？老子不是早就说过吗：'不出户，知天下；不窥牖，见天道。其出弥远，其知弥少。'你们两位在前朝覆灭、准备殉之的前提下，去找如日中天的掌权人周武王？不可思议呀！周武王并未亲自接见，而是派下属见之。一听要善待接纳，不能活了；如果周武王派人要求他们二位坐监狱反省交代并处以刑罚呢，会不会老二位反而能够活下去？

转了一圈，到了杂篇这里，怎么又流露出了非老非庄的名教杀人的气味，甚至还提出处遇乱世不为苟存来了？

老王说：《庄子》是不是太急于扭转社会风气了？追名逐利、蝇营狗苟、冒险投机、吮痈舐痔、官本位、拜金主义等令庄周实在看不下去了。讲了这么多可爱与相当极端的故事，他提倡的是清洁的精神。呜呼庄周，除了讲故事说寓言编织华美的文章以外，你能够怎么办呢？你说到底究竟能够怎么样呢？所有的社会，庸俗的人比清高的人多，保有低级趣味的人比摆脱了低级趣味的人多，利欲熏心或权欲熏心的人比清净如山泉的人多，你改变得了这种结构吗？

怎么办呢？

用提倡某种精神的办法、用写文章讲故事的办法改变风气，只是空谈。仅仅满足于糊口水准也是一相情愿，怎么样承认人们对于自身利益的关切，同时规范人类行为与人际关系，并且树立更高的精神追求，这是一个永远需要做、永远无法彻底完成的任务。

如果替《庄子》说一句话，那么这里提倡的辞让哲学，不仅仅是为了清高，更不仅仅是为了谦逊的品德，还不仅仅是为了避免风险，更重要的是庄子要主张一种清静无为的政治哲学，也许可以称为是中国古代的准无政府主义。它

九五一

九五二

提倡一种各顾各、个顾个的政治理念，你根本不需要去眼观六路、耳听八方，谁也用不着操心那么多国事天下事他人之事，谁也不要一心去当天下之警察。也就是，不要当天下的圣人，天下圣人其实就是天下警察。说什么'天不生仲尼，万古如长夜'，那种长夜才是人们的生活的最好光景。谁也不要有什么政治抱负，每个人逍遥自在简易随便地生活，天下自然太平。

你当然可以认为这种主张太片面偏执，但你不能不佩服它讲的自有其道理。

盗跖：痛斥儒家的道德理想与行为规范

本节三大段。第一大段也是主体，是讲盗跖与孔子的辩论，硬是将孔子说得哑口无言。闹出个横蛮霸道的大盗来批孔，《庄子》的文章够满不论（读fǒu）的。然后是满苟得与子张的辩论。最后是无足与知和之辩。

清代龚自珍诗曰：'九州生气恃风雷，万马齐喑究可哀。我劝天公重抖擞，不拘一格降人才。'太少了，像庄子这样不拘一格（也就是打破已有的规格、格局）的人才，像《庄子》这样不拘一格（也就是打破已有的规格、格局）的奇书！

一 盗跖猛批孔子

孔子与柳下季为友，柳下季之弟，名曰盗跖。盗跖从卒九千人，横行天下，侵暴诸侯，穴室枢户，驱人牛马，取人妇女，贪得忘亲，不顾父母兄弟，不祭先祖。所过之邑，大国守城，小国入保，万民苦之。

王蒙讲说《庄子》系列

孔子谓柳下季曰："夫为人父者，必能诏其子；为人兄者，必能教其弟。若父不能诏其子，兄不能教其弟，则无贵父子兄弟之亲矣。今先生，世之才士也，弟为盗跖，为天下害，而弗能教也，丘窃为先生羞之。丘请为先生往说之。"

柳下季曰："先生言为人父者必能诏其子，为人兄者必能教其弟，若子不听父之诏，弟不受兄之教，虽今先生之辩，将奈之何哉！且跖之为人也，心如涌泉，意如飘风，强足以距敌，辩足以饰非，顺其心则喜，逆其心则怒，易辱人以言。先生必无往。"

孔子与柳下季（即我们熟知的柳下惠）是好友（事实上不可能，从史料上看二人年龄相差近百年），柳下季的弟弟是大盗，被称为盗跖。这个盗跖带着九千名卒子横行天下，侵犯诸侯领地，在住家墙上穿洞，毁坏门窗枢纽，掠夺居民的牛马，强占良家妇女，贪得无厌，六亲不认，从不照顾父母兄弟，也不祭祀祖宗先人。他所到的地方，大国紧闭城门，小国躲进堡垒，民众深受其害。

孔子对柳下季说："当爸爸的人应该能够督导他的儿子，当哥哥的人应该能够教育他的兄弟。如今先生你是举世有名的贤才之士，而你的弟弟却不能有什么教导，这样的父子兄弟的亲密关系也就不那么宝贵了。如果父兄对于子弟不能有什么教导，这样的父子兄弟的亲密关系也就不那么宝贵了。如今先生你是举世有名的贤才之士，而你的弟弟却是世间的祸害，连我也替你感到难为情，我要为了你的缘故（或以你的名义）去说服教育你的弟弟。"

柳下季说："先生你说，当爸爸的人一定要能够督导自己的儿子，当哥哥的人一定要能够教育自己的弟弟。要是当儿子的不听他爸爸的督导，当弟弟的不听他哥哥的教育，虽然像你这样有辩才，讲得再好，又有什么办法呢？再说我这个弟弟盗跖呀，心思像泉水喷涌，一会儿一个念头，意念像大风劲吹，飘忽不定，他的强劲可以抵挡住对立面，他的辩才又可以为自己文过饰非。而且他的特点是谁顺从他的心意他就高兴，谁违逆他的心思他就大怒，而且他出口伤人，伶牙俐齿，请先生务必不要去管理他。"

在《庄子》一书中，这算是一个篇幅比较长的故事。盗跖恰恰是"坐怀不乱"的柳下惠的弟弟，孔子长得又像作奸犯科的阳货，以致被人认为是阳货而被包围，这些情节颇像古典小说或戏剧。越是古代人越是喜爱大喜大悲、大忠的戏剧化思路，而令人越益散文化、杂文化、博客化了，呜呼，惨淡也夫！

孔子认定父能训子、兄能教弟，这未免太简单了。也许孔子是为了强调人际的社会责任性，子不教，父之过，弟不敬，兄之错。国家兴亡，匹夫有责，坏人横行，其三亲六友都难逃罪责。每个人都对另外的人负着大大小小的责任，这种观念中有现代或后现代的意思。

比较妙的是对于盗跖的描写，它的文学性很强，在中国泛道德论的统领下能对恶人有这样的描写，"心如涌泉"，其实应该译作其灵感如泉涌一般，"意念瞬息万变，运算速度超过当今最先进的计算机。"心如涌泉"，"意如飘风"，其意念瞬息万变，运算速度超过当今最先进的计算机。

奸犯科的阳货，以致被人认为是阳货而被包围，这些情节颇像古典小说或戏剧。

这是天才，是精神病患者，是疯子，也是魔鬼，也未必不可能是圣徒。希特勒、墨索里尼就是这样的人，黑手党党魁多半也是这样的人。中国的无数恶人猛人暴人也有类似的性格与特色。但同时某些好人某些艺术家也会如此。我甚至从柳下季的言语中感受到他自愧弗如的潜台词。不知道这算不算恶搞，如今不是没有人认为柳下惠的弟弟大盗曰跖，冷淡与萎顿，也许他早就做到了呆若木鸡的境界了？也许他的智商与情商就是远远赶不上他的弟弟的

我还要说一句石破天惊的话，不知道前贤说过没有，如果没有，我坚决要登记我的知识专利，"心如涌泉，意如飘风"，

九五三

九五四

王蒙讲说《庄子》系列

不仅是智商与心理素质，尤其是一种迷人的极其性感的风格、内在的美，还是一种所谓"东方意识流"的心理现实主义与心理浪漫主义的文学方法。够得上这个"格"的肯定还有一个人，就是庄周本人，再说一句"老来无虑便猖狂"（本人二〇〇九年诗句）的话，也许勉强跟得上的，还有老王。当然，庄子等没有盗窃、掠夺、杀人、带匪卒作战的记录。

正像儒家的仁义道德有可能变成中性，为各种不同的人所利用标榜一样（见《外篇·胠箧》），"心如涌泉，意如飘风"也可能存在于大盗的身上，这样的品质也实在可爱。我还要说，加上后文，《庄子》塑造的盗跖形象非常生动与成功。

孔子不听，颜回为驭，子贡为右，往见盗跖。盗跖乃方休卒徒大山之阳，脍人肝而餔之。孔子下车而前，见谒者曰：

"鲁人孔丘，闻将军高义，敬再拜谒者。"

谒者入通。盗跖闻之大怒，目如明星，发上指冠，曰："此夫鲁国之巧伪人孔丘非邪？为我告之：'尔作言造语，妄称文武，冠枝木之冠，带死牛之胁，多辞缪说，不耕而食，不织而衣，摇唇鼓舌，擅生是非，以迷天下之主，使天下学士不反其本，妄作孝弟而侥幸于封侯富贵者也。子之罪大极重，疾走归！不然，我将以子肝益昼餔之膳！'"

孔子复通曰："丘得幸于季，愿望履幕下。"谒者复通，盗跖曰："使来前！"

孔子趋而进，避席反走，再拜盗跖。盗跖大怒，两展其足，案剑瞋目，声如乳虎，曰："丘来前！若所言，顺吾意则生，逆吾心则死。"

孔子不听柳下季的话，让颜回驾车，让子贡坐在右手（相当于副驾驶），与盗跖见面去了。盗跖率领部下刚好在泰山南面休整，正在吃人肝做成的菜肴。孔子下车，走向前去，对接待的人说："鲁国人孔丘，听说将军讲义气、树高风，特地前来拜见。"

接待者进去向盗跖通报，盗跖一听就火了，眼放星光，怒发冲冠，说："你装腔作势，制造花言巧语，妄自议论文王武王诸事，戴着华丽的帽子，系着牛皮腰带，空话连篇，谬误百出，不种田却要吃香喝辣，不织布却要穿戴打扮，摇唇鼓舌，无事生非，混乱视听，迷惑主子，使得天下的读书人忘记了百姓自然生存的根本，而勉强地做作悌的姿态来骗取一官半职，乃至封侯晋爵，富贵荣华，其人吗？去以我的名义告诉他：'你真够得上是罪大恶极！还不快点滚回去！再不走我就取了你的肝做午餐！'"接待者又进去向盗跖通报，说："我与将军的哥哥柳下季交谊很好，希望能进帐拜见。"

盗跖说："让他进来。"

孔子仍然要求通报，说："让他进来。"

孔子连忙进入帐中，躲闪着坐席，以退避的步伐向盗跖行礼，盗跖大怒，伸直腿脚，手扶宝剑，二目圆睁，声音像小老虎一样，他说：

"孔丘，你过来！今天你说的让我顺心，我就放你不死，要是拂逆我的心思，我就要你的命！"

此段可与《内篇·人间世》比照而读。《人间世》中讲述颜回欲去卫国劝说卫君，被孔子劝阻，我命名这一故事为"理念VS威权"，想不到今天到了杂篇这里是孔子本人天真地用自己的理念去VS另一种大盗的威权与卫君的威权未必有本质的差别。反正"有枪便是草头王"（样板戏《沙家浜》唱词），胜者王侯败者贼，盗跖的威权与他的言语、思路、观点、风格、智商等并无必然联系，这会不会是故意说是盗跖吃人肝，这很可怕。但吃人肝与他的言语、思路、观点、风格、智商等并无必然联系，这会不会是故意

王蒙讲说《庄子》系列

给盗跖抹黑呢？也许其时盗跖的名声太臭了，不能不给他贴十恶不赦的标签。

而盗跖的批孔，成龙配套，高屋建瓴，不无道理；而且与整个老庄的批孔思路一致，至少比上世纪七十年代"文革"中的"批林批孔"的水平高得多。"作言造语，妄称文武"，这有点批判知识分子的意味，批判"言语上的巨人、行动上的矮子"的意味。"多辞缪说，不耕而食，不织而衣"，莫非盗跖已经有点农民起义军与社会革命的思路？"文革"中批作家也用过类似的话，说是作家们吃着农民种的粮食，穿着工人制造的衣服却不去歌颂工农，是忘了本。"摇唇鼓舌，擅生是非，以迷天下之主"，这话事出有因，谋士们宣扬的当然不是去谋偃旗息鼓、和谐联欢，而是去玩阴谋诡计、杀砍征服。"使天下学士不反其本，妄作孝弟而徼幸于封侯富贵者"，显然也不是无来历的话，这也是"皆知美之为美，斯恶已"。以孝悌之名去谋封侯富贵就更劣，可惜这样卑劣的人自古多于许由之类的高士。

颇有道理的老庄之学的驳论，为何偏偏要由盗跖之口说出来呢？莫非庄子搞反儒统一战线搞到盗跖这儿来了？要不就是庄子喜欢立体思维、多元思维，让强盗也获得一次思想议论的机会。

孔子曰："丘闻之，凡天下有三德：生而长大，美好无双，少长贵贱见而悦之者，此上德也；知维天地，能辩诸物，此中德也；勇悍果敢，聚众率兵，此下德也。凡人有此一德者，足以南面称孤矣。今将军兼此三者，身长八尺二寸，面目有光，唇如激丹，齿如齐贝，音中黄钟，而名曰盗跖，丘窃为将军耻不取焉。将军有意听臣，臣请南使吴越，北使齐鲁，东使宋卫，西使晋楚，使为将军造大城数百里，立数十万户之邑，尊将军为诸侯，与天下更始，罢兵休卒，收养昆弟，共祭先祖。此圣人才士之行，而天下之愿也。"

盗跖大怒曰："丘来前！夫可规以利而可谏以言者，皆愚陋恒民之谓耳。今长大美好，人见而悦之者，此吾父母之遗德也。丘虽不吾誉，吾独不自知邪？且吾闻之，好面誉人者，亦好背而毁之。今丘告我以大城众民，是欲规我以利而恒民畜我也，安可久长也！城之大者，莫大乎天下矣。尧舜有天下，子孙无置锥之地；汤武立为天子，而后世绝灭；非以其利大故邪？"

孔子说："我听人家讲过，世界上有三种优越的资质：一种是身材高大、外形美好超群，不论年少者年长者高贵者还是卑贱者，人见人爱，这是上德。第二种资质是智力发达，包罗天地，能认识与分辨万物万象，这是中德，即中等优越的资质。第三种资质是凶猛勇敢，号召大众，能带领士兵征战，这是下等优越的资质。一般人三种资质中占上一样就能够南面称王了，如今将军你三样占全了。你身高八尺二寸，面目光泽精神，嘴唇红润，牙齿洁白得像贝壳，而你说起话来声音共鸣响亮得如同铜钟，但你被称做盗跖，我实在替将军羞耻得无地自容。如果将军听我的，我愿意担当你的使节，往南到吴越等国，往北到齐鲁等国，往东到宋卫等国，往西到晋楚等国的我要让这些国家在它们当中为您造一个长达几百里的大城墙，拥戴你成为一方诸侯，要有数十万户人家，重新开始，不再打仗，休兵裁军，收养你的同胞，祭祀共同的祖先。这才是圣人才士的行迹，也是天下人的共同愿望啊！"

盗跖大怒，说："孔丘你给我过来！那些个可以用利害来打动、可以用言语来规劝讥刺的人都是愚昧无知的小民傻瓜之类罢了。你说什么我长得高大漂亮，谁见谁爱，那是父母留给我的好处，用得着你的赞誉吗？你孔丘不赞誉我就不知道吗？早就有人说过：那些当面歌颂你的人，也最喜欢背后损害你的名声。你现在说什么给我修大城墙，让我

王蒙讲说《庄子》系列

"管多少人口，那其实是用利益引诱我，用管人的名义来管我，这种事哪是长法子啊！城墙再大，唐尧虞舜都是天下的帝王，他们的子孙呢，现在连个放锥子尖的地盘也没有啦！商汤、夏禹都贵为帝王，他们的子孙已经荡然无存，不就是因为他们得到过你用来说服我的那种大利益吗？"

"好一个盗跖，头上长角，身上长刺，一心砸烂，反叛有理，逆向思维，绝不信社会上公认的那一套体制、观念、价值认知。你当面说我好话，哈哈，背后一定就会说我坏话，这是一种超清醒的逻辑，可惜明白的人太少。你的善言愈多，我对你的恶评愈甚；你的许诺愈多，众人愈是这样认为，我愈是要找出与众人的认识相反的例证来。什么诸侯，什么恒民顺民良民模范百姓，什么尧舜汤武，我全不信全不罥。告诉你，我就一句话，与北岛的诗一样：'我不相信！'

"这个故事中的所谓孔丘也有点怪，他算哪一家的朝廷全权特使？他有什么权力让盗跖当诸侯？由他来招安盗跖，有点不伦不类吧？

"'且吾闻之，古者禽兽多而人少，于是民皆巢居以避之，昼拾橡栗，暮栖木上，故命曰有巢氏之民。古者民不知衣服，夏多积薪，冬则炀之，故命之曰知生之民。神农之世，卧则居居，起则于于，民知其母，不知其父，与麋鹿共处，耕而食，织而衣，无有相害之心，此至德之隆也。然而黄帝不能致德，与蚩尤战于涿鹿之野，流血百里。尧舜作，立群臣，汤放其主，武王杀纣。自是之后，以强凌弱，以众暴寡。汤武以来，皆乱人之徒也。'

"再说我还知道，古代禽兽很多，人少，人生活于禽兽之中，于是人们在树上修建巢窝住进去以躲避禽兽，白天捡拾橡子栗子充饥，晚上进入巢窝休息，所以说他们是有巢氏的百姓。古代之人还不知道穿衣服，夏天多多地积累紫禾，冬天烧火取暖，所以说他们是一心求活的百姓。到了神农的世道，老百姓睡觉的时候安安静静，起来了畅畅快快，百姓们只知道有母亲，不知道有父亲，根本没有什么私有观念，与麋鹿一起生活，耕田求食，织布求衣，相互间没有相为害的心思，这是最到位的大德鼎盛。然而黄帝做不到德行的要求，与蚩尤大战于涿鹿，从这以后，强大的干掉弱小的，人多势众的压倒人少势单的。从汤武以来，乱世开始，制造动乱的追随者们生生不息了。"

庄子的人类学研究颇有趣味的。他歌颂原始上古局限于求生避害的生活质量，建巢避鸟兽，烧火避冻死，野果充饥，也是阿凡达式潘多拉星球式的桃花源。坏事是从黄帝那时开始的，不假，此前没有战争的记忆，最多是以耕织维持生命，也是庄子及其门徒的批判（其实也正是庄子及其门徒的批判），则是恶化定则与上古乌托邦。盗跖的批判，孔子的批判是既梦见周公，又树立规范愿景，再批判现实人等的各种罪过。向后看的乌托邦，也是对当时社会的批判之一种，可能渐成主流。

相传，再没有上古的好日子啦！

尧舜出世，设立了各种臣子官员，然后是帝王群臣，权力之花在大地上蔓延为祸，动乱之人代代靠战争取胜的时代当然是以多欺少，以强凌弱。武王则杀掉了商纣，从这以后相为害的心思，这是最到位的大德鼎盛。然而黄帝做不到德行的要求，与蚩尤大战于涿鹿，方圆百里血流遍地。其后尧舜出世，设立了各种臣子官员，然后是帝王群臣，权力之花在大地上蔓延为祸，动乱之人代代

"'今子修文武之道，掌天下之辩，以教后世，缝衣浅带，矫言伪行，以迷惑天下之主，而欲求富贵焉，盗莫大于子。天下何故不谓子为盗，而乃谓我为盗跖？'

"'如今你宣扬的是文王、武王的路线，穿着的是宽大的衣裳与松松地一系的衣带，用装腔作势的语言与矫饰做作

九五九 九六〇

王蒙讲说《庄子》系列

的行为有意图迷惑天下的君主，通过这样的方式以求得一己的富贵。如果讲强盗，谁也没有你要盗取的多，天底下的人为什么不说你是盗跖，偏偏说我是盗跖呢？"

好厉害的盗跖，他指出：好听的名词，惑乱人心，没有操作性的规范，只不过是花言巧语，自成体系的一相情愿的理论，只是大言欺世；不是把最简单的真理还给世界，而是把世间的一切烦琐复杂化地说教与论辩，只能是折腾添乱……他们比杀人越货的江洋大盗还危险，他们盗掉的是世道人心，他们毁掉的是淳朴的大道。谁是盗，谁是匪？站在正统的立场上，盗跖是盗；而站在反叛有理的立场上，站在颠覆现有秩序的立场上，孔丘才是盗。盗丘云云，令人长叹。

《庄子》这方面的说法相当富有反叛性，包括此前此后说的"窃钩者诛，窃国者侯"，还有"小盗者拘，大盗者为诸侯"，还有儒者以诗礼之语指挥盗墓等，庄子还是有一点造反精神的。

"子自甘辞说子路而使从之，使子路去其危冠，解其长剑，而受教于子，天下皆曰孔丘能止暴禁非。其卒之也，子欲杀卫君而事不成，身菹于卫东门之上，是子教之不至也。子自谓才士圣知邪？则再逐于鲁，削迹于卫，穷于齐，围于陈蔡，不容身于天下。子教子路菹此患。上无以为身，下无以为人，子之道岂足贵邪？"

"你用一套甜美的说辞讲给子路，使得子路脱掉了他勇者的高冠，解除了他尚武的佩剑，而变成了你的学生弟子。天下人都说孔丘能够制止暴力，禁除不良行为。后来呢，子路要去杀不仁不义的卫王，没能成功，在卫国的东门落得了粉身碎骨的下场，这是你教育不成功的结果呀！你还自以为是什么有才之士和圣贤之人吗？你那么好，为什么一再地在鲁国被驱逐，在卫国销声匿迹，在齐国穷途末路，在陈蔡之间被围困，天下没有你立足容身的地方？正是你的教导使子路遭到了那样的灾难，既不能保住身家性命，也做不好人间的范例，你那一套有什么好的！"

盗跖还要以实践效果作论据来将孔子的军呢，莫非他也倾向于实践是检验真理的唯一标准？一套啰里啰唆的儒家教训，导致的是子路粉身碎骨、孔子惶惶如丧家之狗的效果，你还牛什么？

但盗跖的逻辑也很危险。照他说的，收效好的就是好的？这当不更严丝合缝地树立起机会主义的理论了吗？这不就树立起一面大旗曰"权力总是正确的，胜者王侯败者贼"了吗？理念之所以是理念，不恰恰是因为它不可能百分之百地成功，百分之百地兑现吗？如果你要求任何理念都必须能够百分之百地兑现，就能那么方便地百分之百地实现得了吗？孔子的学说难以兑现，理念兑现之后，人类还需要奋斗、思考、前进吗？历史就是这样终结的，怎么都令人感到有几分二百五的气味？

反过来说，盗跖也罢，庄周也罢，你们的理论，你们的追求，你们的逍遥以及与麋鹿同处的理念，你们的超越生死是非物我的理念，你们的与天地日月同一的理念，就能那么方便地百分之百地实现得了吗？

如果说这是其致命弱点，那么马克思、恩格斯、苏格拉底、柏拉图、耶稣基督、释迦牟尼，各大洲各大小国的思想家、政治家、爱国者、革命家的种种伟大理念，又有谁是百分之百、哪怕是百分之八九十地兑现着的呢？

"世之所高，莫若黄帝，黄帝尚不能全德，而战涿鹿之野，流血百里。尧不慈，舜不孝，禹偏枯，汤放其主，文王拘羑里。此六子者，世之所高也，孰论之，皆以利惑其真而强反其情性，其行乃甚可羞也。世之所谓贤士，莫若伯夷、

叔齐。伯夷、叔齐辞孤竹之君而饿死于首阳之山，骨肉不葬。鲍焦饰行非世，抱木而死。申徒狄谏而不听，负石自投于河，为鱼鳖所食。介子推至忠也，自割其股以食文公，文公后背之，子推怒而去，抱木而燔死。尾生与女子期于梁下，女子不来，水至不去，抱梁柱而死。此六子者，无异于磔犬流豕操瓢而乞者，皆离名轻死，不念本养寿命者也。世之所谓忠臣者，莫若王子比干、伍子胥。子胥沉江，比干剖心，此二子者，世谓忠臣也，然卒为天下笑。

"世人所谓高尚伟大的人物，谁也比不了黄帝，但黄帝也是有缺憾的。他在涿鹿的原野上进行战争，血流上百里，造成了何等的惨状！唐尧够不上慈爱，虞舜够不上孝亲，夏禹忙碌过多患了偏瘫的疾病，商汤流放了他的君主夏桀，武王杀伐他的君主商纣，文王也被拘禁于羑里达二十年。这六位先生，是世人公认的最高明的人，现在评论起来，他们也难免是为了某种功利而迷失了真性真情，他们行为的后果其实是令人羞愧的。世上还有所谓的贤士伯夷、叔齐，这两位离开了孤竹，很注意修饰打扮自己的行止，以之讥刺世道，最后本人受到讥讽，抱树而亡。申徒狄给君王进谏，不被接受，便系上石头，跳河自杀，喂了鱼鳖王八。介子推是最最忠心耿耿的一个贤臣，曾经割下自己大腿上的肉给晋文公吃，后来晋文公复国后，遍赏群臣，偏偏忘记了介子推，出走后抱着树木死于晋文公放的火。尾生与女子约会于梁下，女子没有到来，尾生不见不散，不肯走，后来水涨了，尾生死于大水。这六位先生，特立独行，哗众取宠，与什么撕裂狗崽、投猪入水，拿着葫芦瓢要饭之类的怪异行为没有什么两样。他们都是传播名声、轻忽生命，忘掉人需要颐养生命的根本要务了。世上所谓忠臣，没有谁能比得上比干与伍子胥，可比干是被剖了心，伍子胥被投了江，都被天下人所耻笑。"

又来了一次横扫千军，把世上公认的圣君高人贤士名人全否定了！庄子确是一个敢于说"不"的人，《庄子》确实是一部敢于说"不"的书。当然，仅仅会说"不"是不够的，但同时，没有人挑头站出来说"不"也是不行的。

"自上观之，至于子胥、比干，皆不足贵也。丘之所以说我者，若告我以鬼事，则我不能知也；若告我以人事者，不过此矣。今吾告子以人之情，目欲视色，耳欲听声，口欲察味，志气欲盈。人上寿百岁，中寿八十，下寿六十，除病瘦死丧忧患，其中开口而笑者，一月之中不过四五日而已矣。天与地无穷，人死者有时。操有时之具而托于无穷之间，忽然无异骐骥之驰过隙也。不能说其志意养其寿命者，皆非通道者也。丘之所言，皆吾之所弃也。亟去走归，无复言之！子之道，狂狂汲汲，诈巧虚伪事也，非可以全真也，奚足论哉！"

孔子再拜趋走，出门上车，执辔三失，目芒然无见，色若死灰，据轼低头，不能出气。归到鲁东门外，适遇柳下季。柳下季曰："今者阙然数日不见，车马有行色，得微往见跖邪？"孔子仰天而叹曰："然。"柳下季曰："跖得无逆汝意若前乎？"孔子曰："然。丘所谓无病而自灸也，疾走料虎头，编虎须，几不免虎口哉！"

"从以上所说的诸人诸事看来，一直到比干、子胥，都不值得夸赞。孔丘你想对我讲的，如果是鬼魅之事，我倒是无话可说；要是对我讲活人的事，那么不过如此罢了，我早就明白了。现在该轮到我给你讲讲人的天生性情吧：人这个东西，眼睛要观看颜色，耳朵要听取声响，口舌要体察味道，志与气鼓鼓胀胀地来劲。人这一辈子，除了生病、自己的或亲友的丧事死亡，一个月当中能张嘴开怀大笑的日子也就那么四五天。天与地是永恒无穷的，而人的生命是有限的，带着有限的生命生活命长的达到百岁，中等的达到八十，下等的达到六十岁。人这个东西，"

王蒙讲说
《庄子》
系列

九六三

九六四

王蒙讲说《庄子》系列

在无穷的天地之间，就像骑着宝马经过一道墙缝一样倏忽即逝。孔子讲的这一套，都是我所抛弃在一边的破烂货，还不快快离开，不要再讲了！你讲的那一套，都是失去真性，而且是紧紧张张、捉襟见肘、花言巧语、虚伪欺诈的货色！它不可能使人保全自己的真性，根本不值一提，你就歇着吧！"

孔子行礼告辞，急忙走掉，出门上了马车，拿着缰绳之端，三次从手中滑落下来，目光茫然，好像看不见东西了，靠着车子的辕木低下头来，连气都出不来了。回程来到鲁国的东门之外，正好遇到柳下季，柳下季说："这回好几天没见，你坐马车行色匆匆，是去见跖了吗？"孔子仰天长叹，说："是啊！"柳下季说："跖是不是还是像先前那样，与你的心意对着干呢？"孔子说："可不是吗？我这样做就像没有生病却自行扎针灸烤一般，自找没趣，急急忙忙地跑去撩拨虎头，编弄虎须，差一点就被虎口吞掉啦！"

孔子意欲去教育盗跖，这符合他的知其不可为而为之的原则，世上总有一些比利害成败更高的理念。开罪了盗跖而被盗跖所杀，也许还能显出一些殉道者的伟大来；现在的问题是盗跖大气凛然，势如破竹，高屋建瓴，滔滔不绝，居然说得孔子尴尬狼狈。这是什么意思呢？是不是恶比善更通用，更符合世情？是不是道德虽然中听，其实并不中用？是不是任何道德说教都有自己的弱点，因为人性中本来就包含了这样那样的非道德的弱点？是不是孔子本来就是一相情愿，面对盗跖这样的强人他本来就是一筹莫展？是不是《庄子》面对满口仁义道德的孔子与满口强梁霸道的盗跖也是毫无办法，干脆让盗跖来出孔子的洋相，结果也在一定程度上出了批孔者的洋相？

二 满苟得力辩子张

子张问于满苟得曰："盍不为行？无行则不信，不信则不任，不任则不利。故观之名，计之利，而义真是也。若弃名利，反之于心，则夫士之为行，不可一日不为乎！"

满苟得曰："无耻者富，多信者显。夫名利之大者，几在无耻而信。故观之名，计之利，而信真是也。若弃名利，反之于心，则夫士之为行，抱其天乎！"

子张曰："昔者桀纣贵为天子，富有天下，今谓臧聚曰，汝行如桀纣，则有怍色，有不服之心者，小人所贱也。仲尼、墨翟，穷为匹夫，今谓宰相曰，子行如仲尼、墨翟，则变容易色称不足者，士诚贵也。故势为天子，未必贵也；穷为匹夫，未必贱也；贵贱之分，在行之美恶。"

满苟得说："怎么可以不讲求仁义道德的善行呢？没有善行就不能取得别人的信赖，不能取得别人的信赖就不会得到任用，不能得到任用就不会得到功效。所以，不论是从名誉的角度来观察，还是从利益的角度来考虑，都要当真地实行仁义的。假如完全不考虑名利，只是回到内心中求得完满，那么士大夫有所作为，也不能一天不讲求自己的行为的规范啊！"

子张问满苟得说："现在的情况是，没有廉耻的人才会发财，能忽悠善悠的人才会脱颖而出。能实现名利双收而且是最大化的，差不多全靠厚颜与大言。所以，如果你是求名逐利，那么讲究仁义道德的规范就确是最重要的。而假如你淡泊名利，只求返回内心的平静与完满，那么读书人的所作所为，只求保全天性就足够了啊！"

王蒙讲说《庄子》系列

子张说："想当年桀与纣贵为天子，富足到拥有天下；如今，如果你说一个地位卑贱的奴仆他的品行如同桀纣一般，那么他们一定会惭愧不安，他会心有不甘，无法接受你对他的所言，这是因为地位卑贱的人同样也鄙视桀纣。仲尼和墨翟呢，穷困得一如普通百姓，如今对官居宰相的显贵说什么他的品行如同仲尼和墨翟，那么他一定会敛容正色，肃穆恭谨地声明自己远远比不上孔子、墨子，这是因为读书人懂得尊重孔子、墨子的德行。所以说，地位高为天子，未必就当真值得尊敬；穷困为普通百姓，也未必就当真卑贱。尊贵与卑贱的区别，不是决定于级别地位，而是决定于德行的美丑。"

这一段辩论意味深长。子张是孔子的弟子，他强调的是仁义道德独立的超越功业名利的至上性价值。而名为满苟得（满足于苟且获得的实用主义者、机会主义者，或者是被认为是满足于苟且获得）的庄学弟子强调的是：仁义道德其实仍是获取骗取名利的手段，是虚伪的放长线钓大鱼的策略，是吃小亏占大便宜，是大言欺世，是沽名钓誉，是登龙有术，是无耻厚颜外加自我炒作。这就牵扯到一个两难的悖论：社会应该不应该提倡与奖掖以舍己为人为标榜的仁义道德？如说应该，也许此种超越世俗利害的绝对理念绝对命令就反而变成了争夺世俗功利的捷径小道，其命运与举孝廉之类差不多。如果否，莫非社会应该提倡恶德与一切自私自利？又有百分之多少动机不纯，是为了表现自己，是为了大私才动辄无私起来？满苟得讲得痛快淋漓，有百分之几是真正的无私奉献？依了他，社会风气只能是每况愈下。子张则只是从理论上讲，讲一相情愿的愿景，完全不然而偏激冷酷，依了他，社会风气只能是每况愈下。子张则只是从理论上讲，讲一相情愿的愿景，完全不能正面回应满苟得的质疑与挑战。

人间本来如此，理念之所以是理念，因为它还不是事实，如果它已经是事实，它当然也就没有那么大的意义了。以一个陷于饥饿的国家，严正提出人要吃饭是意义重大的；在一个基本上解决了温饱的地方，强调反饥饿就没有什么意义。有理念而没有实现，于是人们会以你的理念未能实现为由来干脆反对你的理念，甚至认定你的理念是欺骗。话又说回来了，你构造了大量成龙配套的理念，结果却是实际情况的恶化，是离理念愈来愈远，人们也就有理由质疑你的理念。不用抬杠，你看看《红楼梦》就都明白了。

儒家讲的许多东西很好，合情合理，天人共悦，但为什么发展到清末民初，社会风气堕落到那般田地呢？而有些并不把仁义道德挂在嘴上，谈人性的不良方面，谈法制管理与惩罚的地方，他们的助人为乐，急公好义，文明礼貌，诚信善良，并非没有值得我们借鉴的地方。

满苟得曰："小盗者拘，大盗者为诸侯。诸侯之门，义士存焉。昔者桓公小白杀兄入嫂，而管仲为臣，田成子常杀君窃国，而孔子受币。论则贱之，行则下之，则是言行之情悖战于胸中也，不亦拂乎！故《书》曰：'孰恶孰美？成者为首，不成者为尾。'"

满苟得说："小盗小贼会被拘捕被囚，大的强盗却可能当上诸侯；有了诸侯的门楣，也就有了义士的美名。当年齐桓公小白杀了他的哥哥，占有了他的嫂嫂，而管仲却成了他的臣子；田成子常杀了齐简公，篡夺了侯国的爵位，孔子却接受了他的赏赐。谈论起人们会看不起桓公，田常的卑劣行径，做起事来却会是去臣服于这一类人。这就是说，言语和行动在胸中是相互对立和较劲的，这难道不是自己对自己的拂逆吗？所以《尚书》上便说：'什么算坏什么算

九六七

九六八

王蒙讲说《庄子》系列

九六九

这几句话似平常而刺激。道德信条与成功追求并不完全是一回事，尤其是政治与军事的斗争，如一个伟人的名言："是好？成事了你就为首为上，失败了你就只能为尾为下。"

"丢了政权，形象再好又有什么用？"但反过来认定"量小非君子，无毒不丈夫"，也靠不住。穷凶极恶加阴谋诡计，难以胜算永远。而靠仁义道德的说教，对于解决争端解决风气问题的作用十分有限。所以中国人提倡内圣而外王，就是说，内心里要有仁义慈爱之心之情，而对外也同样有王者之风之力之武。做到这一点又谈何容易！

"小盗者拘，大盗者为诸侯，诸侯之门，义士存焉"，这话非常严厉准确。权力、实力，不但出事业，也出价值。你当上诸侯了，说你是义士的文人墨客立马就涌出来了。事情不可能全部如此，但也不可能没有此种情事。如是如此，请问仁义道德能够建立在不准解密的基础上吗？

我们不但要说好话做好事，而且要会说话会做事，不做盗跖（《庄子》也不可能是让我们做盗跖），也不做空谈词与理念成了变局，说了实话立马就有人吃亏。这一类事不知道或不敢知道，你会成为永远的小儿科傻瓜。知道得太多了，你会走向恶劣，走向丧尽天良。

最近"维基解密"事件也发人深省：原来美国也那么样地怕什么都解密，密一解，实话一大批发，多少美好的言词与理念成了变局，说了实话立马就吃亏。一个官员说，不说实话早晚要吃亏，而说了实话立马就吃亏。这里空白长期努力才好。

叹气、牢骚、谩骂于事少补，还是建立更好的政治文明与社会精神文明，构建最合理也合情的体制制度，锲而不舍地

九七〇

这里满苟得的言辞还使我想起一段笑话：原则空讲泛道德论而回避现实黑暗的孔丘与他的弟子子张。如果忘记五四以来中国文化思想的长足发展，如果停滞在《三字经》与《弟子规》的时代，我们就只能回到盗跖与孔丘、满苟得与子张的辩论上去。

子张曰："子不为行，即将疏戚无伦，贵贱无义，长幼无序，五纪六位，将何以为别乎？"

满苟得曰："尧杀长子，舜流母弟，疏戚有伦乎？汤放桀，武王杀纣，贵贱有义乎？王季为适，周公杀兄，长幼有序乎？儒者伪辞，墨子兼爱，五纪六位将有别乎？

"且子正为名，我正为利。名利之实，不顺于理，不监于道。吾日与子讼于无约曰：'小人殉财，君子殉名。其所以变其情，易其性，则异矣，乃至于弃其所为而殉其所不为，则一也。'故曰：无为小人，反殉而天；无为君子，从天之理。若枉若直，相而天极。面观四方，与时消息。若是若非，执而圆机。独成而意，与道徘徊。无转而行，无成而义，将失而所为。无赴而富，无殉而成。比干剖心，子胥抉眼，忠之祸也；直躬证父，尾生溺死，信之患也；鲍子立干，申子不自理，廉之害也；孔子不见母，匡子不见父，义之失也。此上世之所传，下世之所语，以为士者正其言，必其行，故服其殃，离其患也。"

子张说："你不讲求德行规范，其结果必然是亲疏之间失去伦理的规矩与原则，贵贱之间失去堂正的道理与讲究，长幼之间失去礼法的适宜与秩序。这样一来，五伦和六位又有哪个能分辨得清楚呢？"

满苟得说："尧杀了自己的大儿子，舜流放了同母弟弟，你以为这算亲疏之间的伦常规矩吗？商汤赶走夏桀，武王杀掉商纣，你认为这乃是贵贱之间堂堂正正的道理吗？王季被立为世子，周公杀了哥哥，这就是长幼之间的礼序吗？儒家伪善矫饰，墨家兼爱忽悠，"五纪"和"六位"的说法谁能辨扯得明白清晰？

王蒙讲说《庄子》系列 九七一 九七二

"而且,如果说你心里想着的正好是名,我心里想着的正好是利的话,那么名与利的实质,能够与理相一致,与道互相证明吗?过去我与你在无约面前早就争论过:'小人为财而丧命,君子为名而殉身,具体目标虽然不一样,他们丧失真情、异化天性的本质却没有不同——同是为了外物而失去了真性情,发展到忘记了自身该追寻自己的天然本性;同样也不要去做君子,忽悠于大言欺世,而只须顺从自然的道理。你可以弯曲,也可以强直,一切顺其自然;你要观察四方,跟随四时变化而消长变易。你可能是或者被认为是是,也可能是或者被认为非非,不要执着于德行的说教,不要丢弃了天道天理牢掌握着循环变化的中枢圆心,自有主意,往返进退,永远与大道在一起。不要为了成就一事而牺牲自身,那会丢弃了天道天理的仁义规范,那将会迷失你的自我。不要为了财富而奔波劳碌,不要满足于现成是义的过失。这些事情都是上一代的传闻,也是当代的议论内容,大家认为士大夫为了让自己正直,让自己的行动坚决跟着言论走,结果深受灾殃,遇到这样的祸患。"

道儒之争,关键在于儒家致力于为天下国家家庭与个人树立规范、秩序、价值标准。他们深信,一个礼崩乐坏胡作非为的世界是不文明的,没有希望的,充满黑暗的。所以后世的儒家也说'天不生仲尼,万古如长夜'。这里的《庄子》则对之提出质疑:第一,你说的那些规范价值,听起来很好,真正掌权的要人们,君王们,有几个是这样做的呢?

鲍焦抱树而立、干枯而死,申生宁可自缢也不申辩委屈,这是廉的毒害;孔子不能为母送终,匡子发誓不见父亲,这是忠带来的灾祸,直躬指证父亲偷了羊,尾生候约被水淹死,这是信的为患;比干被剖了心,子胥被挖了眼,这是忠诚指数

的人认真躬行实践的规范。于是,种种仁义道德、忠孝节义之说,不都成了浮夸虚词,乃至骗人的巧伪了吗?第三,倒是有人认真躬行了,他们当真弄明白道德伦理规范秩序什么的是怎么回事了吗?有些人只是由于呆木、求名、转不过弯儿来才殉了虚名大言。第四,我们假设确有人从最崇高的自我献身精神来躬行仁义道德、践行的结果,挖心的挖心,捕眼珠的捕眼珠,于人何益?于国何益?于己何益?人为什么要做自己制定的一大堆规范的殉葬者?制定规范的目的究竟是让人活得好还是让人死得名目堂皇?

于是,《庄子》干脆认为这样的规范与盗跖的规范半斤八两,为忠孝节义而死与为酒色财气而死原则上同属一类,即为了外在的利益伤生害命,对不起天年天饷。生于乱世,别无他法,只有拯救自身,解脱自身,不必殉道德,

死抠规范,不必管什么名声好赖,不必求私人膨胀,顺性而活,随遇而安,是非曲直、成败利钝、祸福通蹇、高低贵贱,全部随便,自在逍遥,无所不可,无所不乐!

《庄子》的这一切不无自我解脱自我安慰的意义,但很难被整个社会接受,尤其不可能被君王大臣所接受。正如《庄子》干脆认为这样的规范与盗跖的规范

无政府主义一样,无价值、无规范、无美丑、无是非、无高下、无差别主义,讲得再好只能是少数精英的谈玄、玄思,而难以成为治国治家治身求活的方略。人把自己搞得呆板成为规范的附属品固然可笑复可悲,与众人无关、与社会无关、与国家民族人类无关的独行鲲、鹏、仙人,可操作性也很小。

无论如何,《庄子》的批评儒家规范,还真雄辩,壮哉!妙哉!高明哉!

三　知和力辩无足

无足问于知和曰："人卒未有不兴名就利者。彼富则人归之，归则下之，下则贵之。夫见下贵者，所以长生安体乐意之道也。今子独无意焉，知不足邪，意知而力不能行邪！故推正不忘邪？"

知和曰："今夫此人以为与己同时而生，同乡而处者，以为夫绝俗过世之士焉，是专无主正，所以览古今之时，是非之分也。与俗化世，去至重，弃至尊以为其所为也；此所以论长生安体乐意之道，不亦远乎！惨怛之疾，恬愉之安，不监于体；怵惕之恐，欣欢之喜，不监于心；知为为而不知所以为，是以贵为天子，富有天下，而不免于患也。"

无足向知和提问："人，没有不喜欢名利的。一个人如果拥有足够的名与利，大家就会跟随他归附于他以后，甘居他之下，而他也就显得高贵起来，高高在上起来了。人处在这样高贵的地位，而许多人的地位处在他的下面，他也就会长寿、安适、心情愉快，这才是快乐满足之道。可您独独对这些不感兴趣，请问，这是由于您不知道这样的好处吗？还是您知道，然后推托说另有正道，其实自己也还是念念不忘呢？"

知和说："一个俗人，判断一个与自己同时代而生存、同乡土而生活的人，说他乃是与世俗决裂的特殊人物，请想想，这个判断旁人的人，或者这个被判为不合俗见的人，本身有没有一个主心骨，有没有一个主导的理念呢？他还要析古论今，自以为需要做的事，以为那样可以获得长寿开心安乐之道，这未免也太离谱了！痛苦的疾病，安适的快乐，都不是从身体中自然产生的，而恐慌也罢，紧张也罢，欢欣鼓舞也罢，也都不是从心里自然流露的。每天都知道自己要干些什么，但是讲什么此是彼非，这些只能是浅薄的俗见罢了。他们活一世，却丢弃了最重要的根本，背离了最至上的目标，而去做一些自以为需要做的事，以为那样可以获得长寿开心安乐之道，这未免也太离谱了！

王蒙讲说《庄子》系列

九七三

九七四

不明白为什么要干那些求名求利的勾当，这就是一个人贵而当上了天子，富而拥有了全国，却仍然免除不掉祸患的缘由。"

知和认为，无足所认同的名利观念其实不足为训，不足为贵，不足为重。丢弃这样的名利观念，也谈不上与俗决裂。因名利而有所快乐，有所忧愁，有所挫折，有所进取，那是舍本逐末的愚蠢，是自戕自毁的糊涂，是丧失自我的迷失，叫做『专无正主』。那么，什么是本，是贵，是重要的呢？是生命，是自我，是逍遥，是解脱，是与大道在一起，是处于道之枢纽，与一切等距离。反过来说，就是视名利为粪土，摆脱名利的桎梏，拒绝名利的诱惑，绝对不为名利冒险，也不会为名利而缴出自己的独立自由自在舒展。名利愈多就愈不自由，就愈成为名利的祭品。

许多人每天忙忙碌碌，焦头烂额，四处碰壁，是从娘肚子里带来的吗？不，不是的。名利不是心肺，不是肝肾，不是灵魂，也难道名利之忧之热衷与之煎熬，是俗人闹腾出来而由更俗的人人云亦云的结果。我们有什么看不开放不下的呢？

丧失寿命，这是何等的荒谬，这是何等的自讨苦吃！狗屁名利有什么了不起？我不拿名利当回事儿，这有什么新鲜？

不是心地，名利是俗出来的，当然也多少有点非社会非舆论非人际主义的味道。

这一段话很过瘾也很到位，人很难完全脱离社会人群他人，作为绝对孤独的个人活下去很难，进行文化的积累与历史的进步很难。人的许多活动的意义与可资记忆之处，恰恰在于它对于旁人也是有意义有价值的。名是荣耀，也是方便，是生活质量的一个组成部分。用一个新词，名也是软实力。

名大则路宽，你很难否定这方面的事实，哪怕这只是片面的肤浅的事实，如白岩松的名言，如果一条狗天天上电视某栏目，那条狗肯定是中国名狗。利就更不用说了，其实只不过是哗众取宠的结果，是赶上了机会。

王蒙讲说《庄子》系列

逐利者里什么样的乌龟王八蛋没有？西方的说法，生活并不公正，但仍然可爱。名利不公正，不公正又怎么样？你能使全世界的名利都天公地道起来？这又如何呢？

这个滋味也许有毒，这个温度可能有假有害。对名利，我们不妨也有一点艳羡之意，不妨也偶一为之，看看名利离我们有多远。然而绝对不能听任名利异化，不能听任名利控制了我们自己。与我们自己的人格、生命、理念与逍遥相比，与大千世界的规律、本原、伟大相比，名利实在不值一说。名利如酒肉，见酒肉而想尝试尝试，非大罪也，但你的人格与目标毕竟比一盘肘子或者一盏二锅头高得多。名利如同搂草打兔子，如同读完报纸卖废纸，顺手一做就是了，不是目标，不足动心，更不值得为了名利而殉之。切记切记！

这一段一起始有一个悖论：俗人，一个无见地的人，认为一个人脱俗绝俗或者背俗败俗，不见得是真的脱俗，俗见中的判断不足为凭，与俗鲜谐的人也可能是另一种俗，另一种『各色』。这里没有展开了谈，但是有点意思。

无足曰：『夫富之于人，无所不利，穷美究势，至人之所不得逮，贤人之所不得及，侠人之勇力而以为威强，秉人之知谋以为明察，因人之德以为贤良，非享国而严若君父。且夫声色滋味权势之于人，心不待学而乐之，体不待象而安之。夫欲恶避就，固不待师，此人之性也。天下虽非我，孰能辞之！』

知和曰：『知者之为，故动以百姓，不违其度，是以足而不争，无以为故不求。不足故求之，争四处而不自以为贪；有余故辞之，弃天下而不自以为廉。廉贪之实，非以迫外也，反监之度。势为天子而不以贵骄人，富有天下而不以财戏人。

九七五

计其患，虑其反，以为害于性，故辞而不受，非以要名誉也。尧舜为帝而雍，非仁天下也，不以美害生也；善卷、许由得帝而不受，非虚辞让也，不以事害己。此皆就其利，辞其害，而天下称贤焉，则可以有之，彼非以兴名誉也。』

无足说：『人的富贵，是可以使他们无往而不顺利的，他们享受天下的美好，获取最大的权势，这是至人所不能得到的，也是贤人所不能达到的。有了财富，他可以占有他人的勇猛与力量而呈现出自己的威武强势，可以利用他人的智谋来实现自己的明察。至于说到乐声、美色、滋味等感官的享乐与权势的威风，对于每一个人，用不着学会自然就会喜欢，身体不需要模仿就觉得舒服。是意欲得到还是厌恶，是回避躲闪还是俯首接受，这本来就不需要师傅，这是人的天性。天下人即使都不赞成我的看法，谁又能拒绝它们呢？』

知和说：『智者的做法，本来就是为了老百姓而有所作为，也就不会去违背民众的尺度。这样，也就懂得知足而不会一味争夺，适可而止，不一定非做什么不可，也就不必一味追求不已。如果不懂得知足就必定贪求不已，四面出击争夺财物却不自认为是贪婪。既然已经够了，有余了，当然要辞让了，舍弃天下却不自认为是廉洁。廉洁与贪婪的实质，并不取决于外力的影响，却需要察看一下自身的有无尺度。身处天子之势却不因高贵而傲视他人，富足到坐拥天下却不用自己的财富去炫耀戏弄，想一想它的祸患，再考虑考虑富贵的反面，认为那样显赫其实有害于自然的本性。所以拒绝而不接受，并不是为了要用辞让来求取名声与形象。尧与舜做帝王而又要让贤，并非行仁政于天下，而是不想因为追求美好而损害生命的自然状态。善卷与许由能够得到帝王之位却辞让不受，也不是虚情假意作秀，而是不想

九七六

王蒙讲说《庄子》系列 九七七 九七八

因为政事而危害自身。这些人都能趋利避害，因而人们称誉他们是贤明的人。这样的事情是有的，是为了避害，而不是为了建树个人的名声与形象。"

名利论与非名利论再次争锋。名利论认为追求名利才是本性，非名利论认为趋利避害才是本性。后者以知和为代表，他说的利首先是全生天年之利，与无足讲的利是指财富不一样。有了财富无往不胜，没有勇敢可言的人因为钱可以使勇敢者为他服务，使他成了强有力者；相当愚笨的人因为有了财可以占有侵吞智者的智力成果，因而自身也变得似乎明察是非起来；没有德行的人可以使几个有德者为自己树形象、播名声、讴歌、欢呼、虚构德行事迹，使自己似乎变得有德起来。此事说得有趣，也令人愤慨。原来，财富不但可以购买物质的东西，也可以购买或侵占智慧、德行、勇气、真的与假的实力。老子早就说过，人之道与天道是相反的，天道是损有余以奉不足，是求其平衡平均，是"咔嚓"巨富来平衡贫富。而人之道是损不足以奉有余，人之道是剥削弱者贫者，是越穷越吃亏，越冷越撒尿（读 suī）。

知和的理论则强调避害才是天性，而且是首要的天性。人会做一些旁人做不到的清廉、辞让的事，不做害己害人的争权夺利的事，这不是为了某种规范或者理念，不是为了某个好听的名词，不是为了获奖获誉，不是为了取媚他人、致了更多的矫饰、更多的嫉妒与挑剔、更多的空谈误事。

社会或者某种势力集团，而只是为了不做自我戕害的事。相反，知道那些个好听的名词的名利的打算越少越好，追求什么东西越知足越好，别人的或势力集团的反映反应越不计较越好。

这种争论有一些漏洞与烦琐。这样的讨论至今犹存，例如：一个人做了好事，他的动机是否纯正？是否有争取获奖之类的私心杂念？一个人申请加入什么组织，是忘我献身而要加入呢，还是为了提升自身而愿意人伙呢？一个人积极打拼，是为人民做贡献的成分多，还是为自己拨份儿的成分多呢？这样的争论是根本争不出水落石出来的，反而导

无足说："必持其名，苦体绝甘，约养以持生，则亦久病长阨而不死者也。"知和曰："平为福，有余为害者，物莫不然，而财其甚者也。今富人，耳营钟鼓管籥之声，口嗛于刍豢醪醴之味，以感其意，遗忘其业，可谓乱矣；侅溺于冯气，若负重行而上坂也，可谓苦矣；贪财而取慰，贪权而取竭，静居则溺，体泽则冯，可谓疾矣；为欲富就利，故满若堵耳而不知避，且冯而不舍，可谓辱矣；财积而无用，服膺而不舍，满心戚醮，求益而不止，可谓忧矣；内则疑劫请之贼，外则畏寇盗之害，内周楼疏，外不敢独行，可谓畏矣。此六者，天下之至害也，皆遗忘而不知察，及其患至，求尽性竭财，单以反一日之无故而不可得也。故观之名则不见，求之利则不得，缭意体而争此，不亦惑乎！"

无足说："一个人非要固守自己的名声，即使做到了劳苦终生，弃绝一切美好幸福，省吃俭用，只求维持生命，那么最多也只能等于是一个长期病号，困苦艰难但尚未死去的人的活受罪的生活罢了。"

知和说："'均平适当才是幸福，富足有余反是祸害，各种事物都是这样，而财富在这方面的状况尤为突出。如今的富有者，听则听的是钟鼓、箫笛的乐声，吃则吃的是肉食、佳酿的美味，刺激着、挑动着自己的意欲，遗忘了真正属于自己的事业，这可以说是搞乱了自己的生活。他们贪财招怨，贪权耗神，好容易清闲安稳一点了就迷于嗜欲，体态丰盈一点了这可以说是制造了自身的辛苦罪孽。他们的生命淹没于焦躁的盛气之中，一生就像荷着重负爬行在山麓上，

就牛气冲天，这才是有病的表现。还有人为了贪婪而巧取豪夺，见好就捞，获取的财物堆得快漫到墙外去了，却愈是贪就愈发贪得无厌，真可说是可耻极了。财物堆积过多，却只知贪求，不知舍弃，满心焦虑担忧，各种要求不断增长，不知适可而止，这可真是发不完的愁烦啊！在家里就担心窃贼来抢劫，在外面就害怕受到强盗的杀害，在家里严防死守，在外面干脆不敢独自走路，他们的恐惧也算是到极点了。以上的六种情势，正是天下最大的祸患，而人们常常会忘记它们，视而不见，等到祸患来临，即使以倾家荡产为代价，只求保全性命，只求返归正常过一日的安宁太平也不可能啦！所以，说什么名声，那本来看也看不到，说什么利益，本来是争也得不着，在这种情况下还要费神费力竭力争名夺利，这难道不是昏了心吗？"

知和讲得很生动，尤其对今天具有针对性。我们确实生活在一个人欲横流的日子里啊！他讲，够用最好，多余是祸，有趣的却也是触目惊心的争论。无非说，没有更高的与不断的财富追求，纵有好的名声，也不过是将就凑合的生活，那种生活和一个病而未死的人一样，没有甘甜美好与幸福。

知和说，没完没了的追求，没完没了的贪欲，没完没了的焦虑和忧心，没完没了的膨胀与戒备，其实是一种灾难。你看不到这种灾难，你永远处在欲望、追求、获得、富足、剩余、提防与恐惧之中，甚至会由于过富而招引大祸，真正大祸缠身，遭遇到政治祸事、抢劫、暴力、疾病以及其他各种天灾人祸，到时候怎么过不上一天太平日子了！

这话乃金玉良言。对于个人来说，这样的话应该写好挂在客厅里，晨昏各看三次。

另一方面，人的追求永远不会有停止的那一天，好了还要好，多了还要多。名与利也永远不会有被彻底看透看穿被抛弃的那一天。人不可以老是不知足，老是欲壑难填，老是煎熬拼命。人又不可以只知知足常乐，你足到了不需要动不需要做也不需要费心又不需要费力的那一步，你的生命的运作也就停止了。

这一段给人的感觉是无足与知和各执一词。是无足，永不知足好呢，还是知足而得到和乐平衡平静好呢？这是人生的基本悖论之一。公元前二三百年的庄子时期人们会为之讨论与迷惑，二十一世纪的人们也会为之讨论与迷惑。

王蒙讲说《庄子》系列

九七九
九八〇

老王说：杂篇十一章，最能给人留下印象的是盗跖批孔的一节。一上来先讲盗跖如何之坏，坐实其恶其罪，是靠条文来写其坏的：

"横行天下，侵暴诸侯，穴室枢户，驱人牛马，取人妇女，贪得忘亲，不顾父母兄弟，不祭先祖……"

确实十恶不赦。但具体写到他的形象与雄辩，你反而觉得他不无可爱。尤其是通过盗跖的哥哥柳下季（即柳下惠）的话，说他是"心如涌泉，意如飘风，强足以距敌，辩足以饰非……"以及听到他批孔的自成一家的话语，你难免会对盗跖产生一种不坏的印象。

好莱坞就拍过以盗为英雄的、很难说那些影片是当真在提倡落草为寇。生活、社会、规范、律法都是不可没有的，但是讲多了也会产生疲劳和腻歪，那就假设有一个突破了一切规范和律法的强盗吧，不论是《加勒比海盗》还是《侠盗罗宾汉》还是《水浒传》的"该出手时就出手"，不是都很受欢迎吗？所谓大锅吃肉，大碗喝酒，大秤分金银，绿林生涯，劫富济贫，路见不平拔刀相助，不也是令许多读者受众倾心的吗？人有时候会起盗心（不见得真去为盗），这不是秘密吧？为什么我们不拍一部关于盗跖的电影呢？

王蒙书说《老子》荟萃

公元前二三百年的先秦相距人们的今天两千多年，坐实其时，是华民族最基本的经典——《老子》五千言中所揭示的信息，却不仅没有过时，不显其浅，不露其罪，不叫人遗憾，反而越来越广泛深入地向读者传递着。我想，这也许正是《老子》这部书最神奇的魅力所在。

《老子》第十一章说："三十辐共一毂，当其无，有车之用。埏埴以为器，当其无，有器之用。凿户牖以为室，当其无，有室之用。故有之以为利，无之以为用。"这也是告诉我们的生活智慧之一。

生活需要幸福也不需要完美的那一天。人不可以每天都不吃饭，也是嘴馋一辈子。人又不可以只吃饭，不需要别的。生活不需要费心又不需要费心的那一天。

故那氏金玉满堂言，故举个人来说，不过个人的那一天，我不会吃一个人的那一天，我吃了。那一天我是一个人的。

五大得到的东西，都能够留下。也，暴戾，寒等其他各种天灾人祸，基至会由于过富而招民大祸。真的没有不值在给人带来灾难。故圣知足，知足者富。故愈得，谦恭。我多了钱，就麻烦多了。

派生的那一天一个饿而未我的人一样。我尊敬，我宗教了的感恩已经美。

食欲的那是的最目射小的车命。不让个公名誉。本来是举出最不肯。在这麻烦别不下是做斯。

太平的那不可输跑。那么，别什么会说。本来没有的么含。只来这日二常常事。一日的空与守信，雁而不见。等陛路患来病。明明因贵夸自出命。只来我不是实命。

五代面午朝不继续自表耀。如你的态度其自喜些的好动了。这十的六格，谓是于是那天才是大的荒唐。而人们常常会想起

不敢面前间继承不去的那些。吸吸里就并我告。宝贵的也是吸害的多种。吸亡的那里去，就愈是。

贪婪愈战不敬意。真他的是只自然，对这一类有富这一代战的贵，吸只说，不让而战战争吸。与战一族能叫歹徒不可避免受这一类强疑时间，高俗不觉来不快，是愈多。

惊半户中天。故不会真爱顺。故其实有家贵的表现。

说剑：以大道大本之剑，取代兵器之剑，你信服吗

善用剑、敢出手、有格斗与斩杀记录者少，喜读剑客、剑侠、剑仙、名剑传世、宝剑铸造诸故事的人多。无他，人们喜欢剑的血腥刺激，又喜欢剑的造型艺术与审美品位，人们还害怕斗剑击剑的生命危险。庄周说剑，善哉，有卖点了！命名这样的惊险回目，却又不是往武侠上走，读者会有些什么反应呢？

昔赵文王喜剑，剑士夹门而客三千余人，日夜相击于前，死伤者岁百余人，好之不厌。如是三年，国衰，诸侯谋之。

太子悝患之，慕左右曰：「孰能说王之意止剑士者，赐之千金。」左右曰：「庄子当能。」

太子乃使人以千金奉庄子。庄子弗受，与使者俱，往见太子曰：「太子何以教周，赐周千金？」太子曰：「闻夫子明圣，谨奉千金以币从者。夫子弗受，悝尚何敢言！」庄子曰：「闻太子所欲用周者，欲绝王之喜好也。使臣上说大王而逆王意，下不当太子，则身刑而死，周尚安所事金乎？使臣上说大王，下当太子，赵国何求而不得也！」太子曰：「然。吾王所见，唯剑士也。」庄子曰：「诺。周善为剑。」太子曰：「然吾王所见剑士，皆蓬头突鬓垂冠，曼胡之缨，短后之衣，瞋目而语难，王乃说之。今夫子必儒服而见王，事必大逆。」庄子曰：「请治剑服。」治剑服三日，乃见太子。

太子乃与见王，王脱白刃待之。

王蒙讲说《庄子》系列

九八一
九八二

太子悝为此担忧，找左右近侍（即身边工作人员）商量说：「谁要是能改变父王的心意，停止这个比剑，我打算赠给的剑客每年都有一百多人，而赵文王对击剑的喜好不见降温。这样过了三年，国势日衰，各国诸侯都在打赵国的主意。

过去赵文王喜好剑术，击剑的人纷纷聚集到赵王门下，达三千多人，他们在赵文王面前日夜相互以剑攻打，死伤他千金当谢礼。」左右近侍们说：「只有庄子能够做到。」

太子于是派人携带千金厚礼馈赠给庄子。庄子不要，跟随使者前去见太子说：「太子有什么见教，赏赐给我千金厚礼？」太子说：「听说先生贤明通达，谨此奉上千金，用以犒赏你的随从。如果先生不接受，我还能说什么呢！」庄子说：「听说太子用得着我，是想让我去断绝赵王对剑术的喜好。假如我上朝去游说大王，结果是违背了赵王的意思，退下来也就是不能符合太子的意图，那我只会遭受刑戮而丧命，这千金对我又有什么用呢？假如我进宫能说服赵王，退下来又合乎太子的心愿，在赵国这片天地我希望得到什么难道还得不到？」太子说：「倒也是。可现在父王的心目中只有击剑之士。」庄子说：「好啊，我也善于运用剑术。」太子说：「可是父王所见到的击剑人，都是头发蓬散，鬓毛突鬓，帽子低垂，帽缨粗乱，上衣后身短，瞪大眼睛而且张口就互相责难争吵……大王见到这样打扮的人才高兴。如果先生穿儒服去会见赵王，事情就满拧啦！」庄子说：「那请给我准备剑士的服装。」三天后为庄子定做的剑士服装裁制完毕，于是庄子面见太子。

本章在杂篇中是罕见的一个明快简练的故事。赵文王好剑，许多剑客死于搏击，这不是好活儿。太子想办法阻止，对被推荐的庄子以千金相赠，不为不厚。但书中的庄子不要千金，他的分析也很高明深刻。一是与王意背道而驰，触犯得罪了赵王，他有好果子吃吗？二是没有完成太子的嘱托，令太子失望不快，说不服呢？说明一是可

这样一说，更显示了这里的庄子的高明与伟大。他对千金并无兴趣，但他还是接受了任务，原因是：第一，他可他能有好果子吃吗？

王蒙讲说《庄子》系列

庄子从容不迫地进入殿内,见到赵王也没有行跪拜。(干吗这么牛?这样与那一拨子侠客有什么区别?)赵王说:"你有什么话来见教吗?"庄子说:"听说大王喜好剑术,我特地带着剑,以剑论剑术来晋见大王。"赵王说:"你的剑术是怎样克敌制胜的呢?"庄子说:"我的剑术,行动十步之内可杀一人,行走千里谁也阻挡不住。"赵王二听很高兴,说:"这么说,你已经无敌于天下了!"

庄子说:"击剑的要领在于,先把弱点故意显示给对方,再以可乘之机诱使对方出手,发起攻击是后于对手,但要抢先击中对方。希望有机会能试试我的剑法。"

赵王说:"先生先到馆舍休息待命,再请先生作些说明,然后再行比剑。"

这里庄子讲述的剑术很有几分道理:

不过我有三种剑,不分长短武选拔,死伤六十多人,选出来五六个人,让他们拿着剑在殿堂下等候,这才召见庄子。赵王说:"今天可让剑士们跟先生对剑了。"庄子说:"我已经等待很久了!"赵王说:"先生所习惯使用的宝剑,长短怎么样?"庄子说:"我用剑不分长短,全看大王愿意我用哪种剑,这里我有三种剑,全看大王愿意我用哪种剑,先作些说明,然后行比剑。"

这里庄子讲述的剑术很有几分道理:先攻过来,已方则是后发制人,发动在后,击中至在前,一剑中其要害。这第一像太极拳,借力打力,以柔克刚,以弱胜强;第二像毛泽东《中国革命战争的战略问题》一书中所讲后发制人的游击战术,有些话是相通的;第三像林冲对柴进的教师爷一役。这里有剑术,也有点策略计谋智慧——不单纯是以力取胜,而是以智取胜,有点意思。

九八三

九八四

而后试。"

庄子曰:"望之久矣。"王曰:"夫子所御杖,长短何如?"曰:"臣之所奉皆可。然臣有三剑,唯王所用,请先言而后试。"

庄子曰:"夫为剑者,示之以虚,开之以利,后之以发,先之以至。愿得试之。"王曰:"夫子休就舍,待命令设戏请夫子。"王乃校剑士七日,死伤者六十余人,得五六人,使奉剑于殿下,乃召庄子。王曰:"今日试使士敦剑。"

"子之剑何能禁制?"曰:"臣之剑,十步一人,千里不留行。"王大悦之,曰:"天下无敌矣!"

庄子曰:"夫为剑者,示之以虚,开之以利,后之以发,先之以至。"

庄子入殿门不趋,见王不拜。王曰:"子欲何以教寡人,使太子先焉?"曰:"臣闻大王喜剑,故以剑见王。"王曰:"子之剑何能禁制?"

"一〇后"盛行起这样的装扮与形象来呢?我怎么瞅着他有点眼熟?

老王忽然想到:这种形象不无魅力、威力、粗糙之力,初层次的男子汉之力,万一鄙国的"九〇后""〇〇后"一看就是一帮时尚糙人,与庄子相距何止十万八千里!

其对剑客形象的描写不无搞笑。瞪着眼责难旁人,上装后身很短(前身短就像是露脐装了)头发蓬松,鬓角扬起,爱咋咋的,姑妄写之,姑妄读之,姑妄议之罢了。

如果事成了,他有什么要不到的呢?他留了后路,也保留了索要更好的礼物或回报的权利。第四,既然是杂篇,爱谁谁还是很受用的,中国自古讲士为知己者死,千金之礼之心已经到位,庄子不能受,要为它担点风险。第三,他很会说,能与太子有同样的忧虑,他是从政治理念上接受这次使命的。全书强调全生,反对为了身外之物去冒险的主旋律不一致。第二,千金未受,太子出的对于庄子的敬意他也是为"国"为民为赵,他的姿态更高尚了。但这与

王蒙讲说《庄子》系列

如果总结成几个字，庄子说的剑术还合乎我国人士爱说的"稳准狠"与越南人提出过的"快猛稳"。但整个过程看着很玄，除非是这里的庄子确实本身善击剑，否则，去那里摇唇鼓舌说上一通，怎么可能成为选拔出来的五六个拔尖剑客的对手？呜呼，庄子之命休矣！

王曰："愿闻三剑。"曰："有天子之剑，有诸侯之剑，有庶人之剑。"

王曰："天子之剑何如？"曰："天子之剑，以燕溪石城为锋，齐岱为锷，晋卫为脊，周宋为镡，韩魏为夹，包以四夷，裹以四时，绕以渤海，带以恒山；制以五行，论以刑德，开以阴阳，持以春夏，行以秋冬。此剑，直之无前，举之无上，案之无下，运之无旁，上决浮云，下绝地纪。此剑一用，匡诸侯，天下服矣。此天子之剑也。"

文王芒然自失，曰："诸侯之剑何如？"曰："诸侯之剑，以知勇士为锋，以清廉士为锷，以贤良士为脊，以忠圣士为镡，以豪杰士为夹。此剑，直之亦无前，举之亦无上，案之亦无下，运之亦无旁；上法圆天以顺三光，下法方地以顺四时，中和民意以安四乡。此剑一用，如雷霆之震也，四封之内，无不宾服而听从君命者矣。此诸侯之剑也。"

王曰："庶人之剑何如？"曰："庶人之剑，蓬头突鬓垂冠，曼胡之缨，短后之衣，瞋目而语难。相击于前，上斩颈领，下决肝肺，此庶人之剑，无异于斗鸡，一旦命已绝矣，无所用于国事。今大王有天子之位而好庶人之剑，臣窃为大王薄之。"

王乃牵而上殿。宰人上食，王三环之。庄子曰："大王安坐定气，剑事已毕奏矣。"于是文王不出宫三月，剑士皆服毙其处也。

赵王说："我很愿意听听你给讲讲三种剑。"庄子说："天子之剑，用燕溪的石城山做剑尖，用齐国泰山做剑刃，用晋国和卫国做剑背，用周王畿和宋国做剑柄，用韩国和魏国做剑口，用周边四夷来包扎，用春夏秋冬四季来围裹，用渤海来缠绕，用恒山来做系带；靠五行来驾驭，遵循阴阳的法则而开合，遵循春夏的时令而扶持，遵循秋冬的到来而运行。这种剑，向前直刺，势不可当，高高举起，无物在上，万物退让，按剑向下，势如破竹，所向披靡，挥动起来旁若无物。对上就是效法跟随日月星这天上三光，对下取法跟顺应四时序列，中间则顺应民心民意而安定四方乡土。这种剑一旦付诸使用，可以匡正诸侯，使天下人全都臣服。这就是天子之剑。"

赵文王听了茫然失落，不得不要领却又受到震撼。他说："那么诸侯之剑是什么样的呢？"庄子说："诸侯之剑，拿智勇之士做剑锋，拿清廉之士做剑刃，拿贤良之士做剑背，拿忠诚圣明之士做剑口，拿豪杰之士做剑柄。这种剑，向前直刺也是势不可当，高高举起也是无物在上，万物退让，按剑向下也是势如破竹，所向披靡，挥动起来也是旁若无物。对上就是效法跟随日月星这天上三光，对下取法跟顺应四时序列，中间则顺应民心民意而安定四方乡土。这种剑一旦使用，就好像雷霆一样威震四境，没有谁敢不归服与不听从国君命令的。这就是诸侯之剑啊！"

赵王说："百姓之剑又怎么样呢？"庄子说："百姓之剑，全都头发蓬散，鬓毛撅起，帽子低垂，帽缨粗实，上衣后身很短，瞪大眼睛而且动辄责难争吵，在人前相互争斗刺杀，上能斩刺脖颈，下能割裂肝肺。这些人的斗剑与斗鸡赌博没有什么区别，一旦丧命完蛋，对于国家什么用处也没有。如今以大王拥有崇高的天子地位，

王蒙讲说《庄子》系列

九八七
九八八

赵文王于是拉着庄子的手来到殿上。御厨献上美味,赵王围着坐席绕了三圈向庄周致敬。庄子说:"请大王安坐下来定定心气,关于剑术的事项我已经启奏完毕。"于是赵文王三个月不出宫门,热衷的竟是些瞠眼短衣的亡命之徒的肉搏,剑士们在自己的住处一个个自刎死去了。

却一心喜好百姓的斗鸡式斗剑,我私自认为应该去鄙薄这种爱好。

文章漂亮,想象力发达,辞藻华丽,大气磅礴。你想想,堂堂一个国君,过去种种只如昨日死,今后种种方是今日生呢?

但我又为庄子捏一把汗,这种故事只会发生在古代,现在的人可务实多了——你说下大天来,先与我的剑客们斗斗剑试试,你的理论再高,胸怀再阔,战略再精,能不能禁得住剑客一剑?以忽悠,哪怕是最最华美的忽悠,对敌干将莫邪式的利剑,危殆哉,庄生!

没有金刚钻,就不要揽瓷器活儿。也许庄子当真有手起剑落斩人头的本事,也许他手中的剑确能吹毛断发、削铁如泥,只是由于他的仁德,认为以剑杀人不足为训,以说人才更好,故而略去了描写庄子的挥剑杀人场面?

君王之剑、诸侯之剑、百姓之剑的说法高矣,其实也不太靠得住。君王与诸侯的实力实际上离不开百姓,没有瞠眼逞强勇敢好斗的士兵还行?这样的王之伟大,不正在于他拥有了齐国泰山四夷韩魏的地盘吗?他没有军队,轻视百姓的诸侯或者君王能有实力吗?怎么可以把大与小、高与低对立起来呢?泰山不择土壤,才能成其高,江河不择细流,才能成其大,为什么要把百姓、诸侯、士兵哪儿来的?百姓中来的呀!百姓之剑最终是为君王诸侯所用的,

君王之剑对立分割起来呢?

其实从内篇以来就是这样,《庄子》喜欢以其大气大胆大而无当对比渺小,压倒渺小。用鲲鹏对比蜩与学鸠,对比蓬间雀,用彭祖对比孑孓,用大海秋水对比井蛙,这一类说法固然可以长志气,阔胸怀,提高境界,却也不无自欺欺人、大话连篇的可能。我中华文化博大精深则博大精深矣,自古以来我们都是立大志出大言吹大牛论大事论万世的。我们嘲笑的是例如西医的头痛医头、脚痛医脚。西医当然并不理想,似乎还没有立大言吹大牛论大事万世的。燥湿、虚实、气血的中式理论入耳,但我们缺少的正是这种头痛医头,脚痛医脚,正视人体的各部位各器官各血管各细胞的精细与实证的科学态度、科学方法、科学数据、科学积累。一味地天下去高上去玄起来牛上来,未必是吉兆啊!

结尾难以免俗。依《庄子》前文,被赵王赏识,被赵王牵手『大登殿』,获赏御厨之膳,还被赵王绕了三圈(像是遗体告别之礼),实乃俗之又俗,俗不可耐,有啥好的?堂堂庄子,对于为相都视为腐尸臭肉,怎么能欣赏这个?怎么能不嫌寒碜地记述这玩意儿?

最后剑客们羞愧而死的说法就更恶劣了。剑客行百姓之剑,何罪之有?没了百姓与他们的剑,谁来伺候君王诸侯?

谁来给君王诸侯卖命卖力流血流汗?如果所有的剑客都提高到了庄周的水平,个个都会用君王之剑,个个都不想当百姓,只想当君王诸侯,那会是赵国之福吗?那时,赵国只能大乱,天下只能大乱啦!

再往深里想一想,这段说剑的理论与其说是像老庄的理论不如说是更像孟子在《梁惠王下》所讲的对于匹夫之勇的嘲笑与鄙薄。也许还有法家所讲的对于权柄的追求与崇拜。这里有权力拜物教的意趣。从多数的《庄子》的篇章而

王蒙精读《红楼梦》

《红楼梦》第三回（题目）林黛玉抛父进京都，接外孙贾母惜孤女，写的是一个少女走进一个大家族的过程。贾母是贾府中地位最高的人，她对黛玉的爱是发自内心的，因为黛玉是她心爱的女儿贾敏留下的唯一骨肉，而贾敏又早逝。黛玉又长得聪明俊秀，令贾母格外疼爱。

但黛玉进贾府，也是她一生悲剧的开始。

《红楼梦》第三回的文字，写得极其细致，其关注的焦点有两个：一个是贾府上下人等的面貌，一个是黛玉的处境心态。

《红楼梦》喜欢把其关注的大户人家写得极高，马屁拍得甚足，百般夸赞其阔气富贵，其中甚至有点拍马屁拍得不知分寸了。比如写王夫人起居的正室，"不及王夫人时常居坐宴息是这三间耳房内。于是老嬷嬷们引黛玉进东房门来"。王夫人住的竟然是耳房，也就是说，黛玉的姨母、贾宝玉的妈，在家中实际只住小偏房。这真是太自谦了，不大可能。

其次说贾府之大，其亲戚关系之复杂，人员之众多，上上下下，尊尊卑卑，使黛玉大开眼界，更使她感到自己真正进入了一个完全陌生的环境。此时黛玉不过十三岁（书中写的贾母与黛玉的对话透露出来的，朱必畏《红楼梦》有专文考证黛玉的年龄），一个小姑娘面对如此众多的亲戚，一个个都不能怠慢，一个个都得礼数周到，同时又要自谦自重，谨慎小心，"步步留心，时时在意，不要多说一句话，不要多行一步路"，这能不难为她吗？

谁最有眼光？黛玉在贾府的文化氛围中，能够感受到王熙凤、贾宝玉的灵秀、敏感、多才多艺，表现出众。即便是相互试探中透出几分恶意的贾宝玉摔玉之举，也显得那么感人至深，显示了宝玉的与众不同。而宝玉在见到黛玉的时候发生的摔玉事件，其原因是黛玉没有玉，而他有玉。这是什么意思？黛玉没有通灵宝玉，宝玉既然有玉，她自己又何必多此一玉，见外人宝玉了呢？其实这是作者故弄玄虚，因为那个通灵宝玉乃是独一无二，不可能有第二块。

但是由黛玉的到来，贾宝玉也恰恰表现出他与众不同的一面。大户人家的少爷，有谁会因为来了一个表妹发这么大的火，摔出自己的命根子——那一块玉呢？其实这才是宝玉的感情起伏较大、他的内心最真实的一面。

至于贾母、邢夫人、王夫人、李纨、迎春、探春、惜春、王熙凤等人的出场，一个个都令人留下深刻印象。

不来贾府不明白，来了贾府便知晓了，"这里常坐之位乃是椅子"，一条板凳连坐带躺睡三个月都坐不出这个样儿，一个黛玉之外加一个宝玉之外，一个大丫头袭人。

王蒙讲说《庄子》系列

言，天下云云不足为尊，所谓「匡诸侯，天下服矣」这样的目标与庄子的追求恰恰相悖。庄子所推崇的至人真人仙人，根本不会拿什么匡诸侯呀服天下呀当回事，而应该是避之唯恐不及。庄子所提倡追求的是大道，是全生，是逍遥，是齐物，是自然，是天倪，是道枢。他的追求是哲学的、终极价值（即带有神学色彩的）、生命的与个人的超越与解脱。

对于庄子来说，庶人之剑固不可取，诸侯之剑、天子之剑又与庶人之剑有什么区别？非足道也，非足道也。

老王说：《春秋》《战国策》《史记》中记录了不少一通高论或巧言改变了政策与历史走向的故事。是不是那时的人们比较相信话语、重视话语、崇拜话语的力量呢？（「话的力量」是苏联作家巴甫连柯一个超短篇小说的题目，巴氏以个人崇拜与打小报告而著称。）

如果是现在，这里所说的庄子的一套哗众取宠的言论，只能给他带来身首异处的下场。人类听到过的好话漂亮话已经过多了。

渔父：盗跖批完了，再由渔父教导一下孔子

好像一个精神与理论、境界与智慧的爬高比赛。庄子创造了一个渔父，识透世态人情，识透一个又一个自我感觉良好的人五人六包括孔子的愚蠢，硬是把孔丘说了个五体投地。这里不无民粹主义的意思。堂堂孔圣人，硬是不如一个渔父的见识。

楚辞里有个渔父，能教育屈原；这里又一个渔父，能批评孔子。民族音乐中有脍炙人口的《渔舟唱晚》，单弦牌子曲则喜欢唱《风雨归舟》，里头也有打鱼的内容。中国文化喜欢渔父，面对沧浪之水，有几分开阔与自由，有几分单干户的逍遥，见过点风风雨雨。《庄子》里也不止一次谈鱼与举出打鱼的例子。

读庄解庄，何若相约垂钓？临渊羡鱼，何必退而结网？我实在捉不了鱼，下不了手，只能限于观鱼。

孔子游乎缁帷之林，休坐乎杏坛之上。弟子读书，孔子弦歌鼓琴。奏曲未半，有渔父者，下船而来，须眉交白，被发揄袂，行原以上，距陆而止，左手据膝，右手持颐以听。曲终而招子贡、子路，二人俱对。客指孔子曰：「彼何为者也？」子路对曰：「鲁之君子也。」客问其族。子路对曰：「族孔氏。」客曰：「孔氏者何治也？」子路未应，子贡对曰：「孔氏者，性服忠信，身行仁义，饰礼乐，选人伦，上以忠于世主，下以化于齐民，将以利天下。此孔氏之所治也。」又问曰：「有土之君与？」子贡曰：「非也。」「侯王之佐与？」子贡曰：「非也。」客乃笑而还，行言曰：「仁则仁矣，恐不免其身，苦心劳形以危其真。呜呼，远哉其分于道也！」

子贡还报孔子。孔子推琴而起曰：「其圣人与？」乃下求之，至于泽畔，方将杖拏而引其船，顾见孔子，还乡而立。孔子反走，再拜而进。

孔子来到缁帷的树林，坐在杏坛上休息。弟子们在一旁读书，孔子弹琴吟唱。曲子还没演奏到一半，有个捕鱼的老人下船而来。他的胡须和眉毛全都白了，披头散发扬起衣袖，沿着河岸，来到一处高而平的地方便停下脚步，左手扶持着膝盖，右手托起下巴，静静聆听。曲子终了，渔父抬手招呼子贡、子路，两个人一起走了过来。

渔父指着孔子问：「他是做什么的？」子路回答：「他是鲁国的君子。」渔父问孔子是什么家族的。子路回答……「孔氏这个人，生性崇敬忠信，身体力行仁义，以礼乐制度修饰美化人生，妥善明确人伦关系，对上强调的是忠，忠心于国君，对下强调的是化，教化训……「来自孔府。」渔父说：「孔氏有什么专长专业吗？」子路未有回答，子贡说：

王蒙讲说《庄子》系列

九九一

九九二

楚辞里有一篇《渔父》，是写渔父教育屈原，不要过分地自命清高而折磨自己。《庄子》里边也有一篇《渔父》，是写渔父教育孔子，不必做那些徒劳无功的道德规范与道德教训的傻事。二者都表现了一个世事洞明、人情练达、经验主义、非理想主义的劳动者形象：他是一个老成持重、沉稳平和、明辨是非，绝不上当，绝不轻信，乃至不无老谋深算、老奸巨猾、具有能忍自安的适应能力与应变能力的人物，在诸子百家之外，有这样一种平民意识强大的人，当非偶然的。孔子在这里还有点敬受教矣的意思，但是屈原不好办，他太诗人，太浪漫，他难逃自沉汨罗江的下场。

孔子追求的是入世，是为人间制定规范法则道德价值体系。这里的老渔父说得很直白，孔子一无地盘二无官职三无背景，就靠一套美好的人情人理的规范秩序来挽狂澜于既倒，匡正时弊，拨乱反正，把一个血腥争霸四分五裂，君不君、臣不臣、父不父、子不子的混乱世道变成文质彬彬、仁义礼智信、中庸合道、春风化雨，到处是正人君子的世道，这太夸张了观念、理想、价值宣讲的作用！孔子当然只能是东奔西跑，左碰钉子右碰壁。最后是孔子也承认自己确如无家可归之狗，《史记·孔子世家》写的是："……而谓似丧家之狗，然哉！然哉！"——说我像一条无家可归的狗，是这样啊，是这样啊！

子贡还，报孔子。孔子推琴而起曰："其圣人与！"乃下求之，至于泽畔，方将杖拏而引其船，顾见孔子，还乡而立。

孔子反走，再拜而进。

客曰："子将何求？"孔子曰："曩者先生有绪言而去，丘不肖，未知所谓，窃待于下风，幸闻咳唾之音以卒相丘也！"

客曰："嘻！甚矣子之好学也！"孔子再拜而起曰："丘少而修学，以至于今，六十九岁矣，无所得闻至教，敢不虚心！"

客曰："同类相从，同声相应，固天之理也。吾请释吾之所有而经子之所以。子之所以者，人事也。天子诸侯大夫庶人，此四者自正，治之美也，四者离位而乱莫大焉。官治其职，人忧其事，乃无所陵。故田荒室露，衣食不足，征赋不属，妻妾不和，长少无序，庶人之忧也；能不胜任，官事不治，行不清白，群下荒怠，功美不有，爵禄不持，大夫之忧也；廷无忠臣，国家昏乱，工技不巧，贡职不美，春秋后伦，不顺天子，诸侯之忧也；阴阳不和，寒暑不时，以伤庶物，诸侯暴乱，擅相攘伐，以残民人，礼乐不节，财用穷匮，人伦不饬，百姓淫乱，天子有司之忧也。今子既上无君侯有司之势而下无大臣职事之官，而擅饰礼乐，选人伦，以化齐民，不亦泰多事乎！

子贡回来，把他与渔父的谈话报告给了孔子。孔子推开演奏着的琴站起身来说："这人是个圣人吧！"于是走下杏坛去追渔父，一直来到湖泽岸边。渔父操起船桨准备撑船而行，回头看见孔子，转过身来面对孔子站着。孔子连连后退示敬，再次行礼上前。

渔父问："你来找我有什么事吗？"孔子说："刚才先生说了几句话，只开了个头就走了，我这个人比较不成材，不能理解您的言语的真谛，胆敢到这里来请教先生，等待先生的教诲，希望能听到您的一星半点的谈吐开化自己！"

导统一百姓，用这样的努力来造福天下。这就是孔氏所要完成的事业。"

子贡说："不是。"渔父接着问道："他是王侯的辅佐之臣吗？"子贡说："也不是。"渔父于是笑着转身而去，边走边说道："讲了那么多仁，也可以说是仁了，只怕他保护不了自身；他还要受苦受难使心性难安，劳累形体而损伤了自己的本真天然。唉，他距离大道也实在是太远了！"

渔父又问道："孔氏是拥有国土的君主吗？"

王蒙讲说《庄子》系列

渔父说："咦，你实在是好学啊！"孔子又一次行礼后站起身说："我从小时就努力学习，直到今天，已经六十九岁了，没有能够听到过圣人的教诲，如今有机会见到先生，怎敢不虚心就教！"

渔父说："同类相互集聚，同声相互应和，这本来是自然而然的天理。请让我解释一下我的看法，从而联系比照你所从事的活动，是人际事务。你所要做的事。天子、诸侯、大夫、庶民，这四部分人能够各安其位各正其位，这就是社会治理的理想，四部分如果偏离了各自的位置，社会的动乱就会越搞越大越搞越严重了。人众安排好自身的事务，也就不会出现凌乱侵犯。这样，什么田地荒芜房舍破漏，衣食不足，赋税不能按时收缴，妻子侍妾不和，老少间没有了尊卑的秩序，就是普通百姓的忧虑。能力不能胜任职务的要求，本职工作做不清白爽利，属下荒疏怠惰，功名得不到赞许，爵位和俸禄又不能保持住，这是大夫的烦恼。朝廷上没有忠臣，国事显出混乱，工艺技术不精，敬献的贡品质量不好，朝觐时落在后面而未能顺和天子的心意，这是诸侯的忧心所在。如今你上无君侯主管号令的权势，下无大臣经手办事的官位，却擅自修治礼乐，安排人伦关系，意欲教化百姓，不是太多事了吗？

按渔父的说法，孔子是自作多情──你压根儿管不着，无权无因也用不着你管什么制定礼乐，安排人伦的事。这种理论与当今的知识分子理论尤其是公共知识分子理论，不在其位也有权利有责任关注社会关怀天下。即使不是与当今的知识分子理论比较而是与宋代范仲淹的"先天下之忧而忧，后天下之乐而乐"的提法相比照，《庄子》里渔父的讲法也站不住脚。

"且人有八疵，事有四患，不可不察也。非其事而事之，谓之摠；莫之顾而进之，谓之佞；希意道言，谓之谄；不择是非而言，谓之谀；好言人之恶，谓之谗；析交离亲，谓之贼；称誉诈伪以败恶人，谓之慝；不择善否，两容颊适，偷拔其所欲，谓之险。此八疵者，外以乱人，内以伤身，君子不友，明君不臣。所谓四患者，好经大事，变更易常，以挂功名，谓之叨；专知擅事，侵人自用，谓之贪；见过不更，闻谏愈甚，谓之很；人同于己则可，不同于己，虽善不善，谓之矜。此四患也。能去八疵，无行四患，而始可教已。"

渔父说："再说人有八种毛病，事有四种祸患，不可不明察清晰。不是自己分内的事也弄过来去干，叫做包揽。没人理你你却偏要进言，叫做佞人；迎合揣摩，顺坡下驴，说话做事，叫做谄媚。不分是非，巴结讨好，叫做阿谀。背地说人坏话，叫做进逸。离间故交，挑拨亲友，叫做贼害；用伪诈的方法称誉，实为诋毁他人，叫做阴险。这八种毛病，对外能迷乱他人，一是以挂功名，谓之叨；专知擅事，侵人自用，谓之贪；见过不更，闻谏愈甚，谓之很；人同于己则可，不同于己，虽善不善，谓之矜。此四患也。能去八疵，无行四患，而始可教已。

恶美丑，动辄两面讨好，而脸色随机应变，暗暗攫取合于己意的东西，叫做阴险。这八种毛病，对外能迷乱他人，内则伤害自身，因而有道德修养的人不和有这类毛病的人交往，圣明的君主也不用这些人为臣。所谓四种祸患，专喜欢办大事，随意变更常规常态，用以沽名钓誉，称做放肆；自恃聪明，独断专行，侵害他人，叫做贪婪；知过不改，听到劝说反而变本加厉，称做固执；顺我则喜，顺我者可，逆我者即使是好的也不喜欢，是四种祸患。能够清除八种毛病，去掉四种祸患，才算是有了可教育好的前提。"

八疵四患的说法颇有道理。专喜欢办大事，专喜欢改常理，老想着惊天动地改写历史，这样的大而无当，令人觉

王蒙讲说《庄子》系列

得似曾相识,但别的书上谈到的很少。对于包揽的批评,也很好玩。你应该有责任感,但你同时也应该有分寸观念,范围界限,不必统揽到自己头上。没有人答理的还在那儿不断进言,这是佞人的毛病,刺激。我国自古以来的所谓愚忠愚孝,不少有这样的记录,他们常常被正面评价。还是老庄另类,劝人们不要太佞。

孔子愀然而叹,再拜而起曰:"甚矣子之难悟也!丘再逐于鲁,削迹于卫,伐树于宋,围于陈蔡。丘不知所失,而离此四谤者何也?"

渔父悲悯地改变面容说:"你觉悟起来实在是太难了啊!有人害怕自己的身影、讨厌自己的脚印,为了避离身影与脚印而逃跑,举步越频繁足迹越多,跑得越快而影子却总不离身,自以为是跑得太慢的缘故,于是加速奔跑不止,终于因力气用尽而死。他怎么不懂得:影子不就自然消失了吗?你停下来,处于静止状态,足迹也就自然不复存在了呀!这人实在是太傻了!你没事就去推敲仁义的道理,考察事物同异的分际,观察动静的变化,拿捏接受与拒绝的分寸,梳理爱好与厌恶的情感,调节喜与怒的程度,却几乎陷于灾祸。你呀,你本应该认真修养你的身心,谨慎地保持你的真实,让物与人都回到原生状态,那么也就没有什么拘系和累赘了。如今你不修养自身,反而从他人身上做文章,这不是弄错了吗?"

孔子愀然曰:"请问何谓真?"客曰:"真者,精诚之至也。不精不诚,不能动人。故强哭者虽悲不哀,强怒者虽严不威,强亲者虽笑不和。真悲无声而哀,真怒未发而威,真亲未笑而和。真在内者,神动于外,是所以贵真也。其用于人理也,事亲则慈孝,事君则忠贞,饮酒则欢乐,处丧则悲哀。忠贞以功为主,饮酒以乐为主,处丧以哀为主,事亲以适为主。功成之美,无一其迹矣;事亲以适,不论所以矣;饮酒以乐,不选其具矣;处丧以哀,无问其礼矣。礼者,世俗之所为也;真者,所以受于天也,自然不可易也。故圣人法天贵真,不拘于俗。愚者反此。不能法天而恤

养你的身心,谨慎地保持你的真实,让物与人都回到原生状态,那么也就没有什么拘系和累赘了。

而这样的蠢人到处都是。有时候人们为了反对仇敌便大加杀伐,杀伐的结果是冤冤相报,仇敌日多。有时候人为了满足贪欲便大加掠夺,结果是掠夺越多贪欲越炽。有时候为了面子便讳疾忌医,封别人的嘴,结果是越封微词非议多么好的比喻!厌恶影子就快跑,越跑影子越是紧紧缠身,厌恶脚印就快跑,越跑脚印就越多!其实只消停止奔跑行走,脚印立无。

人应该还其真,还其本。与人为善,谦和礼让,才能减少敌意。夫唯不争,故莫能与之争。适可而止,知足常乐,返璞归真,洁身自好,清正廉明,才能心平气和。而一个人越是好处说好,坏处说坏,从善如流,闻过则喜,才显现了风度,也表示了信心,才真正能拥有人气,越是自吹自擂,越是自吹自擂便越是贻笑大方。有人害怕别人看不起自己不服自己,便热衷于自吹自擂,结果是实事求是,也就越能够保持尊严和公信力。

虽严不威,强亲者虽笑不和。真悲无声而哀,真怒未发而威,真亲未笑而和。真在内者,神动于外,是所以贵真也。其用于人理也,事亲则慈孝,事君则忠贞,饮酒则欢乐,处丧则悲哀。忠贞以功为主,饮酒以乐为主,处丧以哀为主,事亲以适为主。功成之美,无一其迹矣;事亲以适,不论所以矣;饮酒以乐,不选其具矣;处丧以哀,无问其礼矣。礼者,世俗之所为也;真者,所以受于天也,自然不可易也。故圣人法天贵真,不拘于俗。愚者反此。不能法天而恤

王蒙讲说《庄子》系列 九九七 九九八

于人,不知贵真,禄禄而受变于俗,故不足。惜哉,子之蚤湛于人伪而晚闻大道也!"

孔子又再拜而起曰:"今者丘得遇也,若天幸然。先生不羞而比之服役,而身教之。敢问舍所在,请因受业而卒学大道。"

客曰:"吾闻之,可与往者与之,至于妙道;不可与往者,不知其道,慎勿与之,身乃无咎。子勉之!吾去子矣,吾去子矣!"乃刺船而去,延缘苇间。

孔子忧郁失落地问:"请问什么叫做真?"渔父回答:"所谓真,就是精诚的极致。不精不诚,不能打动人。所以,强自啼哭的人虽然悲啼痛号,其实并没有真正的哀伤,强自发怒的人虽然正颜厉色,其实并没有真正的威严,强自亲切的人虽然笑容可掬,其实并不和善。真正的悲痛者没有号哭而哀恸,真正的怒火没有发作而威严,真正的亲切没有含笑而和善。精诚的真性发于内心,神情的变化才能流露于外表,所以人们看重真实真心真情。用于人伦,侍奉双亲要的是慈爱孝敬,辅助国君要的是忠贞不渝,喝酒要的是欢喜快乐,居丧要的是表达悲痛哀伤。忠贞的主干是建功奉献,饮酒的主干是开心畅快,居丧的主干是致哀,侍奉双亲的主干是适亲之意。功业与成绩要达到完美,因而不必统一于具体事迹;居丧要的是致哀,因而不必考虑通过什么方式;饮酒则要达到欢乐,用不着过分在乎选用饮酒的器皿;侍奉双亲要达到适意。礼仪,是世俗形成的规矩;真情真心,却是来自于天生,出自自然,因而不可改变,不可替代。所以圣人总是效法自然,看重真心实意,不是被世俗所拘泥。愚昧的人就刚好相反。不能自然而然地行为,忧虑的是别人怎么做怎么看,不知道珍重自身的真情本性,只知道平庸地跟着流俗走,因此总是这儿不对那儿缺陷,怎么处世也弄不完善。太可惜了,你早早地就知道人为的巧伪修饰,却太迟了才听到了什么是大道啊!"

孔子又一次行礼后起身,说:"今天我孔丘有幸能遇上先生,这是苍天赐给我的幸运。先生没有嫌弃轻视我,并把我当做门徒一样看待,亲自教导我。我冒昧地想问一下先生的住处,请求借此受业于您的门下而最终学习大道。"

渔父说:"我听说,可以与他同行的人就与他结伴同行,一道去领悟玄奥的大道。不能与之同行的人,他不可能真正懂得大道,那么最好谨慎一点,不要与他同行,自身也就不会招来祸殃。请好自为之吧!我要离开你了!"于是撑船离开孔子,沿着芦苇丛中的水道而去。

又较上劲了,在老庄的著作中,多次进行过这样的质疑:文化的发达,是否会矫饰人固有的本真?风俗习惯礼乐的成熟,是否会丧失个人的选择?比如说亲子相爱,本来是天下最最自然的事情之一,本来不需要洋洋大观的道理,成龙配套的法律,各种有关财产、监护权、继承权、赡养义务与被赡养的权利的规定与讨论,也不需要就一个孝字搞训导、教育、论坛、辩论,以至建议把孝的问题写入宪法——上世纪八十年代,我国有人大代表作此提案。例如欧美并无人专门提倡孝的概念,也没有出版过《孝经》,但人家并非个个禽兽一般,长大便置双亲于不顾。

问题在哪儿?在于确实有置双亲于不顾的现象与"理由"。我国农村曾长期处于贫困状态,许多农民难于自保,有的子女虽多,一个比一个穷困,互相推委,彼此斗气,最后逼得老人走上法庭告状,这种事情并非罕见。有的双方关系恶劣,老人从小搞体罚压迫,孩子从小见了父亲如老鼠见了猫,性格上人格上确有重大缺陷,这样的亲子,即使

王蒙讲说《庄子》系列

子方尽了一点赡养义务，也是恶声恶气，面和心不和，势如水火，双方谁也好受不了。

夫妻君臣关系就更难说。古今中外都有欲杀妻灭子的陈世美，"谋害亲夫"的潘金莲，还有情杀仇杀的恋人，诛杀功臣的君王，有勾结外敌的奸臣，有臣子的宗派恶斗，而皇帝老儿一会儿站在这个山头上，一会儿站在那个山头那边，或故意分而治之，挑拨是非，从中渔利。就是说，我们是需要文化，需要法律与各种上层建筑，有了这些，才能约束所谓真性情中的不文明，不善良，不规矩，不可爱乃至野蛮丑恶可怖的那一面。

关键在于人性并非一味的美，虽然文学要弘扬人性之美。亲子并非一味孝慈，虽然宣扬了那么多孝慈的美好人伦关系并非自然而然就能做到做好。

国有《二十四孝》，意大利的《爱的教育》中也有《六千里寻母》，或许，所以需要这样的书，正证明亲子的美好人伦关系并非自然而然就能做到做好。

我们实际需要对于人性的丑恶一面的约束乃至制裁。例如汉高祖当年就宣布过的杀人偿命与欠债还钱。一是强迫性的，通过法律法规规则、规定人际关系的一些基本守则。例如某些地区对于盗窃、通奸等的制裁规则。我们可以质疑某种具体规则的合理性与可改善的空间，如对于某些地方的石刑（乱石打死）我们可以进言，但无法全面取缔规则律法。

其次还需要软性的规则，即文化观念，尤其是价值观念、道德观念与宗教信仰。我们无法无视这种区别。有的地区比较强调诚信，其居民的诚信度相对比另一些地区的人高一些。有的地区比较强调互助与施舍，其同舟共济的社会风气好于他处。有的地方相对更勤劳些，那里视辛苦劳作为荣，视好逸恶劳为耻，亚洲许多国家（包括我国）就是这样。

这些也是无法抹杀，乃至无法或缺的。

再次还有些是无所谓价值但确实约定俗成的风习民俗：饮食、节庆、婚丧、娱乐、语言与肢体语言、信仰……没有人强迫你必须遵从某种民俗，也没有人给你训导不那样做就如何如何不好，但是你如果入乡随俗，生活会方便得多，与他人的交流会顺畅得多。

有的地方相对更勤劳些……

所有这些都说明，人的生活并不是一个绝对自由、独立、自发的过程。你一生下来，那么多既定的律法、规则、价值认定、风俗习惯就在那儿等着你呢！

但老庄之说并非无理。法律绝对不是完美无缺的，古今中外有许多严刑峻法被有识之士所批判所摈弃。不论是在法国小说《悲惨世界》中还是印度影片《流浪者》中，法律给人的印象如同魔鬼。价值宣扬过度，就会产生伪饰、假冒、吹嘘、片面强调、名教杀人、霸权（以维护某种价值为理由动用军力暴力）等。而某些陋习更是害人不浅。老庄希望人们能更本真一点，朴直一点，自然一点，性情一点，亦是金玉良言。

这里还有一个深一层的悖论。《庄子》此处强调的真，并不是一个实证的概念、实验室精确计量或精确逻辑推导的概念，它更是一个感觉的、主观的概念。与其说它在提倡真实，不如说它在提倡真诚，它要的是无所选择判断推敲的真，天然的，毫不费力的，应该说其实也是相当片面与绝对化的真——与儒家价值相反的价值。到了魏晋六朝，这样的真啊大道真啊人性啊，一直吹呼下去，实际上也变成一种价值与反价值，于是从早到晚地饮酒呀特立独行啊语出惊人呀"无君无父"呀搞得那样热闹，这种道法自然的价值在士人中也比较吃得开，会不会个中也有意为之的自然而然，

王蒙小说《尴尬》系列

1000

风声说千年以来，有的地方仍然更谨慎些。那里的辛苦其实并非因为恶劣的天气，而是源自某些风俗习惯的人为因素。亚洲有些国家（包括我国）虽然宣告已经步入现代社会，其国民仍然保留着许多古老的观念。

人类的生活并不是一个单纯的自由、独立、自爱的世界。独立不起来，难以公平地同情他人，观察、欣赏、吸收或人的生活的风俗...发育再次变成天然情况价值观念体系与某种另一种价值观念相对应。其实最基本的人高一些，少其在价值观念上，文学文化都需要体现一种修养，明文化价值观念。人们需要对千年的正恶一面的风俗习惯，一是题目。是从小教育到结束至时候，宁定人的相关系的一些基本关系并非自然而然就建立起来。分关系并非自然而然就建立起来。

国有〔二十四孝〕，意大利的《爱的教育》中也有《六千里寻母》故事，但心需要这样的慈善，五五岁的儿童慈爱的故事。关怀在某人把非并非一般的美。虽然文学要宣扬人性之美，中本并不顺。吸取高明的宣扬有杀人害命的故事、虽然宣告了那些千人的罪恶，我们实际上需要在小干人性的正恶一面的风俗。

从束的观念中的不文明、不善良、不道德、不残忍、不可受民族文化的那些，姑且不说。

求杀其因故的君王，宫廷的宗派灭掉了，而皇帝孝在故事中将其杀灭，其下的恋父恋母，一会儿恋家，一会儿故事的恋人。

夫要替换一点潮流义气，也是恶其恶乎，残吸水火。双式都从没有不到。

王蒙讲说《庄子》系列

刻意造作的性情中人、作秀求名的逍遥散淡、戏剧化戏曲化的人格操守（如三顾茅庐前的诸葛亮的生活方式）？这些很难说就是天生的。一个孩子，生下来就成了竹林七贤，或成了待聘的诸葛孔明，恐怕可能性很小。道家的非文化化的主张其实也是一种文化，否则老庄本无留下自己与著作的必要。停留在结绳记事的阶段，当然不需要《论语》《孟子》与仁义礼智信，难道就那么需要《道德经》《庄子》与真人至人们的忽悠吗？

还有进一步的问题。

第一是关于文化与幸福感、幸福指数的关系；第二是言、言说、名、名教的问题。

文化是不是笃定给人带来幸福？它的历史是不是也符合进化论的观念？这仍然是一个莫衷一是的问题。老子认为回到结绳记事、有舟车桥梁也无须使用、鸡犬相闻老死不相往来的原始阶段，至少是自然经济阶段最好。今天的世界上也有人认为经济不怎么发达的不丹是幸福指数最高的地区之一。当然，不管怎么讨论，不管你出现不出现老庄学派或者法兰克福学派，现代化的路子实际堵也堵不住，发展科技与生产的趋势只能是越走越猛，全球化的路子也只能是越走越无可阻挡。

老庄的说法，不怎么待见太多的言与名，甚至孔子也主张删节言语。孔子曰："天何言哉，天何言哉。"老子曰："知者不言，言者不知。"又说："善者不辩，辩者不善"，还说"道常无名"。庄子说："天地有大美而不言。"就是说，他们认为搞得言说太多，名堂太多，概念标准太多，只能使人头脑复杂，表面文章增加，作秀频频，虚与委蛇，言行脱节，失掉了人的本真。

另一方面，人毕竟不是天不是地不是树也不是山河日月。天地树山河日月可能当真不需要言，但天有阴晴寒暑、风雨雷电，地有崩塌泥石流地震与"潮平两岸阔，风正一帆悬"……有它们自己的语言。而人需要语言，需要说法，需要交流，需要提升与充实自己的精神与物质生活；如果人而无言，人会非常痛苦，非常空虚，会发精神病。孔孟的一套，不能完全做到，不能以之治国平天下，更不能以之解决当今的各种麻烦与挑战，而有这么一些合情合理的说法，人愿意听闻，人愿意响应，人愿意开腔也愿意抬杠。这是享受，是人这种生命的内在需要。

颜渊还车，子路授绥，孔子不顾，待水波定，不闻拏音而后敢乘。

子路旁车而问曰："由得为役久矣，未尝见夫子遇人如此其威也。万乘之主，千乘之君，见夫子未尝不分庭伉礼，夫子犹有倨傲之容。今渔父杖拏逆立，而夫子曲要磬折，言拜而应，得无太甚乎？门人皆怪夫子矣，渔人何以得此乎？"

孔子伏轼而叹曰："甚矣由之难化也！湛于礼仪有间矣，而朴鄙之心至今未去。进，吾语汝！夫遇长不敬，失礼也；见贤不尊，不仁也。彼非至人，不能下人，下人不精，不得其真，故长伤身。惜哉！不仁之于人也，祸莫大焉，而由独擅之。且道者，万物之所由也，庶物失之者死，得之者生。为事逆之则败，顺之则成。故道之所在，圣人尊之。今渔父之于道，可谓有矣，吾敢不敬乎！"

颜渊掉转车辆，子路递过来车绳，孔子盯着渔父离去的方向，头也不回，直到水波平静，听不见櫓声，方才登上车子。

子路靠着车子问道："我得以为先生做事已经很久了，从来没有见过先生对一个生人如此谦恭敬重。万乘大国的诸侯、千乘小国的国君，见到先生历来也都是平起平坐，先生还免不了表现出尊傲的神情。如今渔父手拿船櫓面对你

王蒙书说《庄子》系列

[2001]

夫子曰：何以知其然也？

言者风波也，行者实丧也。夫风波易以动，实丧易以危。

民之所同。人皆以为非是，而不取其非其真也，而不知其所以非也。[齐物论]……[逍遥游][天下]大美而不言。[天道]

一套，不谈完全独立，不谈以天性为导向，更不谈以人类共同命运为关怀，而有一种大彻大悟的意识、一种超越式的关怀，一种需要交流、需要替代自己的独立意识等需要。[由是观之，人仁义之端，是非之途]人皆知其所以自己的语言。而人需要语言，需要说话……

人类意识到了，人类意识到了天下，故曰："天地不言。"[天地]说："天道大美而不言。"[天道]

风雨雷电，日月星辰，四季的轮回，雨的时空……

民是他们的世界，是自然发动的语言。今天的人类说过多的语言，说过多的话。

土地上有人从兰克学派永外史到现代解构的史，主义等等非几要的事实有出。当然，不管怎样，说出来的话就只是一种符合的历史关系。第二是自己的自然发生的话语。第一是关于文化学的语言，当然是《道德经》《庄子》之后的真人至人的感悟吧？

《孟子》已下文学语言，载道载派公共需要的否定类此是一种文学，但是这不属于自己的幸福所带来的幸福必要。恋爱中使不幸福是天生的，一个诗人，生下来其完美期天生的痛感（它是三种莫名亮丽的非文字的语言）、故意说出来非古人的诗歌语言。

王蒙讲说《庄子》系列 〇〇三 〇〇四

一站，先生却像石磬一样弯腰躬身，听了渔父的话不断地先行礼再作答，难道不是太过分了吗？弟子们都奇怪先生的态度为何至此，一个捕鱼的人怎么能够获得这样的尊敬呢？"孔子伏身在车前的辕木上，叹了口气说："子路你实在是缺少教化啊！你熏陶于礼仪已经有些时日了，可是粗陋的心态到如今也未能消除。你过来，我给你讲！一个人遇到长辈而不毕恭毕敬，就是无礼，见到贤人而不衷心尊重，就是不仁。他倘若不是一个完善到位的至人，也就不能使人心悦诚服，对这样的至人虽然他不能衷心诚服，却不能至精至诚，也就得不到真谛的教诲。真叫人遗憾啊！不能以仁（爱人的态度）学习师法别人，祸害可就太大了，而你子路偏偏有这么一个毛病。况且大道是万物产生的根源，各种物类失去了道就会死亡，获得了道便会生存。做事情违背了大道就一定失败，顺应了大道就一定成功。所以，对于包含着大道的人物与言语，圣人也是尊崇的。如今渔父对于大道可以说是已经拥有了，我怎么能不尊敬他呢？"

把孔子写得是五体投地、彻底折服，这里的《庄子》有点精神胜利法。渔父之伟大在于言论，这样此篇《渔父》比楚辞里的渔父话就差远了，那个渔父话不多，而最后唱出的是："沧浪之水清兮，可以濯我缨，沧浪之水浊兮，可以濯我足……"飘然转身而又余音袅袅，深明大义而又与世无争，对于屈子不仅有理解更有超越，这才令人神往。《庄子》里的渔父，还是雄辩有余而文采不足，行为艺术与风度等更是不足呀！怎么能只责备子路的粗鲁呢？

老王说：甭管什么时代，百姓（包括渔父）的生活与机会远比不上精英。但是精英们遇到了风险，受了夹板气，或将受、正受、刚刚受了刑戮，就会羡慕起百姓，尤其是渔父来。什么"出没风波里"（范仲淹）呀，"独钓寒江雪"

（柳宗元）呀，都是文人给勾画出来的渔人图。勾画出浪漫的图画来了，也就能或者一定要勾画出高明伟大来。设想着"出没风波里"与"独钓寒江雪"的渔人讲解了超凡涤俗的哲理，不一定非要做梦吃肉包，做梦聆听渔父的教诲不是很美丽吗？制造肉包或者探求哲理，还是雄辩有余而文采不足，不一定是中国士人的长项，制造有关肉包与哲理的美梦，那可是咱们的本事喽！

列御寇：怎样才能做到神全

不要得意于自己的名声和人气，不要吹嘘自己的成绩与角色，不要妄言那些不可道的大道，不要炫耀你那无的放矢的空对空的超常能力，不要迷信华美的忽悠，在你未尝能够规范本人的时候，请不要一心规范天下，不要得意于自己的某些优越的条件，不要因为膨胀而自出难题，不要忘记人心险恶化的危险，不要向往高官厚禄直到厚葬，不要从不无偏私之心出发，却要拯救世人以重建一个公正合理的世界……更谦逊，更本色，更低调，更无求，更超脱，更少说话，你也许仍然能够得救。

一你应该认为你的获得而不是为你的未能获得而发愁

列御寇之齐，中道而反，遇伯昏瞀人。伯昏瞀人曰："奚方而反？"曰："吾惊焉。"曰："恶乎惊？"曰："吾尝食于十浆，而五浆先馈。"伯昏瞀人曰："若是，则汝何为惊已？"曰："夫内诚不解，形谍成光，以外镇人心，使人轻乎贵老，而齑其所患。夫浆人特为食羹之货，无多余之赢，其为利也薄，其为权也轻，而犹若是，而况于万乘

王蒙讲说《庄子》系列 1005—1006

之主乎!身劳于国而知尽于事,彼将任我以事而效我以功,吾是以惊。"伯昏瞀人曰:"善哉观乎!汝处己,人将保汝矣!"

无几何而往,则户外之屦满矣。伯昏瞀人北面而立,敦杖蹙之乎颐,立有间,不言而出。宾者以告列子,列子提屦,跣而走,暨乎门,曰:"先生既来,曾不发药乎?"曰:"已矣,吾固告汝曰人将保汝,果保汝矣。非汝能使人保汝,而汝不能使人无保汝也,而焉用之感豫出异也!必且有感摇而本才,又无谓也。与汝游者又莫汝告也,彼所小言,尽人毒也;莫觉莫悟,何相孰也!巧者劳而知者忧,无能者无所求,饱食而敖游,泛若不系之舟,虚而敖游者也。"

列御寇要去齐国,半路上又返回来了,遇上伯昏瞀人。伯昏瞀人问:"你怎么又折返回来了呢?"列御寇说:"我感到诚惶诚恐。"伯昏瞀人又问:"什么原因使你受惊了呢?"列御寇说:"我曾在十家卖浆水的店里饮食,却有五家店对我搞优先供应。"伯昏瞀人说:"如此而已,你又有什么不安的呢?"列御寇说:"内心的思绪筹谋得不到疏解,外部身形的举动就会有所流露而显现出神采。用这种外表的东西打动人心,使人们对我的尊重胜过我实际的年事,这不是好事。那卖掉饮用的羹食,没有很多赢利,他们的获利非常微薄,他们要是把重任托付给我并要求我的政绩,那可怎么办呢?我正因为这个缘故才惊惶不已。"伯昏瞀人说:"你的观察与思考是太好啦!你好自为之吧,人们一定会聚集于你了!"

不多久,伯昏瞀人前去看望列御寇,看见列御寇的室外摆满了鞋子。伯昏瞀人朝北方站着(或指背对着列御寇?),拄着拐杖撑住下巴,站了一会儿,没说什么话就走出去了。接待宾客的人员报告给列御寇,列御寇拎着鞋子,光着脚就追了出来(那时已有进门脱鞋的习惯了),赶到门口,说:"先生已经来了,竟不指教一二吗?"伯昏瞀人说:"算了吧,我本来就告诉你说人们将会聚集到你这边,果真如此你没有让人不归附于你呢?问题不是出在是你让人们归附于你上,而在于你为什么做不到让人们不归附于你呢?你何必彰显在外,跟你一起的人没有的与众不同呢?必定是你内心有所波动,没有果是摇摆起你的秉性啊,对此你也是无可奈何。没有谁能省悟辨清,谁又能提醒谁呢?巧妙之人多劳,智者多忧,越是有智慧就越要发愁焦虑。倒是没有能耐的人也就没有什么要求,填饱了肚子便自由自在地敖游,像没有缆绳系拴,漂游在水面的船只一样,全是有毒的。心境虚无而自由遨游的生活呀!"

与众不同的思路:不是因为自己的窝囊,不是因为自己人气太旺,有凝聚力,《庄子》没有说。可能是聚的人多了目标太大,别人的期望值太高,责任太大,忧愁太多,太辛苦,不逍遥,不快乐,不独立,受制于四面八方等等。老庄相对来说多看破了一些东西,诚然。

可惜能理解与接受这种思路的人太少了。一般人在走运的时候多半是得意扬扬,飘飘然,晕得忽儿。人往往是倒了大霉了才会想起庄子的这些名言。

反复思量,不无狐疑,像列御寇的这种表现,会不会有一点得了便宜卖乖的嫌疑呢?一个人头脑简单一点,自然

王蒙讲说《庄子》系列

一点，朴素一点，有人对你不太好不地道的，你高兴并且感谢，你注意一下投桃报李、礼尚往来，在人际关系上注意平衡均等，再有，如果你碰到了对你不地道的人，你适当地付之一笑，不也就行了吗？瞎发什么愁呀？

"巧者劳而知者忧，无能者无所求，饱食而敖游，泛若不系之舟……"虽然很难作为人生指南来操作，但是读起来很美很浪漫。其实，无能者不仅仅是无所求与泛若不系之舟，无能者可能受欺侮、损害、盘剥，无能者可能被所谓的强者所奴役压迫，无能者尤其可能是衣食无着、饥寒交迫。不系之舟？不系之舟很可能被涨潮的浪花打个粉碎，更不要说碰到暴风骤雨了。

更入情入理的说法应该是：无能者应该学习充实提高，但学了半天硬是充实提高不起来，也就从另一方面想想，从饱食与遨游方面自慰一下，不妨事的。

二 千万别以为你自己改变了世界

郑国有个人名缓，在裘氏地面上吟咏读书，读了三年成了一个有影响的儒生，像河水滋润沿岸的土地一样润泽着方圆九里之内的人众，他的恩泽还被及三族，他的弟弟也成了墨家的一员。儒墨两家相互争辩，缓的父亲也站在墨家一边。过了十年后缓自杀，他父亲梦见他对自己说："使你的儿子成为墨家一员，那是我的功绩。怎么你也不来看我的坟墓？坟上的秋柏树已经结出了果实了！"

其父梦之曰："使而子为墨者予也。阖胡尝视其良，既为秋柏之实矣？"

郑人缓也呻吟裘氏之地，只三年而缓为儒，河润九里，泽及三族，使其弟墨。儒墨相与辩，其父助翟，十年而缓自杀。其父梦之曰："使而子为墨者予也。阖胡尝视其良，既为秋柏之实矣？"

夫造物者之报人也，不报其人而报其人之天。彼固使彼。夫人以己为有以异于人以贱其亲，齐人之井饮者相捽也。故曰今之世皆缓也。自是，有德者以不知也，而况有道者乎！古者谓之遁天之刑。

圣人安其所安，不安其所不安；众人安其所不安，不安其所安。

造物者所给予的，不是去满足人们人为的需要，不是人为的事功，而是赋予人们天然的本性。你有了某种品性，也就会有某种发展与成绩。缓认为自己是与众不同，高人一等的，轻视他的父亲，就跟齐人自以为井水只属于自己，而为了饮水与旁人抓扯扭打一样。看来如今社会上的人都是像缓这样自以为功、自以为是的人。有德行的人是不会有这样的思路，更何况是有道的人啊！古时候人们称这种人是轻乎大意，忘记了自然本体自然母体，从而受到天的处罚。

圣人让本来安定的东西就此安定下去，让本来不安定的东西不得安定下去。而人众却常常是让本来安定的东西偏偏不得安定，而又千方百计地让本来不安定的东西安定下来。或者说，圣人安于自然的本性，而不能安于俗人的盲动；俗人们常常是随人俯仰，无知盲动，却不安于自然的本分。

推崇自然而然，嘲笑人事膨胀与自我居功，这对于老庄来说是一贯的。而缓的故事仍然别有特色，这里的例子好怪：他是儒家门徒，他弟弟却成了墨家门徒，他竟然在死后牛皮起来，居然功。他为什么要自杀？自杀了还牛个什么劲？

古人似乎认为，一个人应该对于别人梦到他负责。因为所谓缓的居功，只是根据他在其父梦中的表现不够谦虚，"彼固使彼"的说法颇显奥妙。老子与庄子都喜欢作同义反复的概括，彼之成为彼自然有成彼为彼的原因与根据。

一○○七
一○○八

王蒙讲说《庄子》系列

万物成为今天这个样子都有它的原因与根据。我们还可以说"胜者固胜,是有它的原因与依据的)、"刑者固刑"(被判刑的罪犯之所以被判刑,也有其道理与轨迹)、"美者固美"(一个人得到好评得到美誉,是因为他做了美好的事情留下了美好的形象)(为什么有的人比一般人更坚强更强大?他也必然有自己的力量积蓄、正确选择与超人的自信)。这样的同义反复,好处是:既不让你居功自傲,也不让你怨天尤人。譬如说一个退休官员整天不忘是他发现了提拔了什么什么人,而这个人后来大大地火起来、牛起来了。其实呢,"彼固使彼",所谓被你发现的那个人,本来就优秀,自有人会去发现;再说该人即使不被发现提升,他本人也绝非碌碌之辈,是金子放在哪里也都能闪光。这样一说,能减少你的许多讨人厌的、我们家乡称做"丑表功"的低俗表演。

科学家也是如此,你发现了一个原理一个公式一个材料,那首先是由于大自然中蕴藏着这样的原理公式材料,蕴藏着这样的被发明被发现开发使用的可能,"彼固使彼",千万别以为是你改变了世界。一个作家的著作令人佩服感动,当然是成功,更成功的却是让读者完全忘记那是你的文笔的创造,读者完全信服你的所写,认定了你写的是"彼固使彼",是压根的实事记录,事情与人物本来就是那个样子的。例如《红楼梦》就有这样的效果,人们可以弄不清曹雪芹,甚至认为并非曹氏之作,但是揪心伤肺地研究着挂牵着《红楼梦》。那才是天才之作。天才之作,亦即"彼固使彼"之作,亦即符合天生自然的面貌之作,亦即安者安之、不安者不安之、不要安者不安之、不安者偏要安之。

是的,那个安与不安的同义反复之论也是如此。既然原来就是安宁的,如山,如森林,如星空,当然就应该让它安宁下去。原来就是不安宁的,如风,如江河,如雷电火焰,如飞禽走兽,你就让人家好好地活动活动嘛,人类要去捣什么乱?

安与不安的问题还让我们想起老子对于天道与人道(指人事活动的法则,不是今天所说的人道主义,不包含以人为本与人文关怀生命救助等含义)。老子强调天之道是损有余以奉不足,他强调的是天之道的公正性平衡性;他同时尖锐地批评人之道是损不足以奉有余,即强势的人可能剥削压迫弱势的人。老子很了不起,那么早就谴责强势阶层对弱势阶层的压迫剥削。这里的强调的则是圣人对于自然对于天道的尊重,与俗人的欢喜自我折腾、自讨苦吃、自找麻烦、自不量力成为对比。

这里的"呻吟",依前贤的解释是指吟咏读书,有趣。现在,"呻吟"只是指疼痛叫苦的哼哼声,辛弃疾词曰"无病也呻吟",而无病呻吟已经成为嘲讽内容空洞的文字的熟语。在《庄子》中又读到以"呻吟"来描写就读的说法,实在很妙。却原来,书生读了一辈子书,也就是呻吟了一辈子。

庄子曰:"知道易,勿言难。知而不言,所以之天也;知而言之,所以之人也。古之人,天而不人。"

朱泙漫学屠龙于支离益,单千金之家,三年技成而无所用其巧。圣人以必不必,故无兵;众人以不必必之,故多兵。顺于兵,故行有求。兵,恃之则亡。

小夫之知,不离苞苴竿牍,敝精神乎蹇浅,而欲兼济道物,太一形虚。若是者,迷惑于宇宙,形累不知太初。彼至人者,归精神乎无始,而甘冥乎无何有之乡。水流乎无形,发泄乎太清。悲哉乎!汝为知在毫毛,而不知大宁!

王蒙讲说《庄子》系列

庄子说："知晓道比较容易，不去言说道却相当困难。有所知晓但无所谈论，这就是抵达天道、抵达天然之路。有所知晓却相信口谈论，这是抵达人事红尘的凡俗之路。古人注重的是天意、天命、天道，而不是人事。"

朱泙漫向支离益学习屠龙的技术，耗尽千金家财，三年后学成了，却无龙可屠——没有机会可以将这样的技巧付诸使用。圣人可以将确定无疑的东西可以讨论研究、并非确定无疑，所以与人与世无争，俗人却常常把尚未有结论的东西看成天经地义，与不同意见不共戴天，因而总是争斗不休，与人为恶。顺着纷争好斗之路走下去，一举一动都受到争斗的规律的主宰，靠这个行事过日子，到头来只会自取灭亡。

世俗人的智谋，离不开交际搞关系，把精力投入到浅薄无聊的事务上，还想着虚实兼济，闹什么对于天道与万物有所作为，将自己的形体与宇宙的混一交融起来。像这样的人，早已在浩瀚的宇宙中丧失了主心骨，被形体的欲望与劳苦所拘累，他们上哪里去了解混沌初始的妙谛？那些修养到位的至人，让精神回归到鸿蒙未开的泰初状态，美美地栖息在没有什么事物的虚境，像水流一样并无固定的形状，从清虚空寂的源头流淌而下。可悲啊！你们总是把心智用在毫毛琐屑上，却一点也不懂得那巨大的宁静。

学习屠龙之技的故事耐人深省。你可以理解为讽喻不切实际的空谈：技术很高，学习成本极大，但一个前提条件没有解决：龙在哪里？何龙可屠之有？

到今为止，有点智商而且也读过点书，尤其是通点外语的人，有志倚天屠龙者还是多，脚踏实地养牛牧马喂猪的人还是比较少。屠龙的故事也许在这方面有点教益。

你也可以将之理解为一种知识分子的超拔：我们喜欢的是智力的操练与游戏，善屠龙而无龙可屠者，岂不更高妙超拔、与世无争？不是无争而是多数情况下不屑一争。项羽少年时不肯好好学剑，因为他的志向不是学与一人敌的技巧，而是要与万人敌。当然，项羽的万人敌的记录也难说好，但他毕竟境界有所不同。中国的士，讲论万世、江河行地，都有屠龙技的味道，也都有几分特别的可爱。如果再没有一个人会屠龙了，个个会宰狗屠驴杀猪与逮兔子抓麻雀，也许有利于振作屠宰业与肉食供应，但是不利于忽悠与想象力。或者我们从另一个角度设想，在一个个会宰猪杀羊的地区出来一个人表演屠龙绝技，虽然找不到现成的龙来就屠，但他又跳又蹦，表演各种高难动作，可以发展成屠龙舞、屠龙巫、屠龙大典、屠龙风俗、屠龙一族，倒也不恶。

这也说明『必者』可以（有可能、不无可能）『不必』。本来读到朱泙漫耗尽家私学屠龙的故事，可以作出取缔支离益办学资格与执照的处分之必然决定。但圣人还可以不支离益涉嫌伪劣办学诈骗有术的必然判断，可以网开一面，冷眼旁观，看看他到底闹出个什么名堂来！俗人就不一样了，他们脑子里只有一条筋，他们以兵（斗争）为业，不但屠不了龙，也屠不了狗。

知『道』易，不说『道』难。这种说法也是一绝，我国有讲知易行难的，有讲知难行易的，有讲知行合一的，而这里却讲知易不说难——说则投入到人世间，不说则与天神交。这可真有点什么东方神秘主义了！反躬自问，老王说得太多太多了，愧矣哉！

王蒙讲说《庄子》系列

后面讲的是一个形而下与形而上的关系。你除了形而下的公关而外，还应该有点形而上的终极关怀。越没有本事就得越注意公关，这话说出，不知有多少人汗颜或视庄为敌。试看，让你脑子里也来点泰初、太虚、混沌、太清、无何有之乡，应是有利精神空间的开拓，有利心理健康与丰富的维护。又有什么办法呢？有这种形而上的人是少数。多数则只能是知在毫毛，神乎蹇浅，用武侠小说的话，鼠辈们啊！

《庄子》前文却又教导我们，道在屎溺屎尿处，鼠辈们的情况也是大道在起作用啊！要不，就是鼠辈们太自以为是，还不如泥鳅了又了之道性自然呢！

宋人有曹商者，为宋王使秦。其往也，得车数乘；王说之，益车百乘。反于宋，见庄子，曰：「夫处穷闾阨巷，困窘织屦，槁项黄馘者，商之所短也；一悟万乘之主而从车百乘者，商之所长也。」庄子曰：「秦王有病召医，破痈溃痤者得车一乘，舐痔者得车五乘，所治愈下，得车愈多。子岂治其痔邪，何得车之多也？子行矣！」

宋国有个人名叫曹商，受宋王委托出使秦国的时候，能戳破脓血溃疖子的人可得到车辆一乘，能舐治他的痔疮的人可以得到车辆五乘，疗治得越是低下方法越多。你是不是给秦王舐过痔疮呢，怎么获得赏赐的车辆会这样多呢？你离我远一点吧！」

这里的庄子说的话似显过分。得了重赏，还不是此人卑鄙无耻的充分证据。你如果是至人真人，付之一笑也就行了，说那么难听的话岂不显得你本人艳羡酸溜溜的？

也可以发人深省。天下没有免费的午餐，你得到了什么，必然同时付出了什么，你的进项也意味着对于你的人品的怀疑。古今中外，概莫能外，进益者、高升者、受上司宠爱者、写成畅销书者、一夜暴得大名者，常常会或多或少会被认为是吮痈舐痔之马屁精一流人物，这也是高升者必须付出的代价之一。

这样看问题，这样写文章，似乎仍有不足，真正的庄学里手在乎这些说法做啥？受奖则喜，被诬则皱眉头，被刑则呼冤，加薪则多打两次牙祭，这不是非常自然非常合理的事情吗？至于这一类的事情发生在别人身上，你给以恶毒讽刺，就更不得体了。

这不会是庄周的思想。

三 真正的诚信不需要挂在口头上

鲁哀公问乎颜阖曰：「吾以仲尼为贞干，国其有瘳乎？」曰：「殆哉圾乎！仲尼方且饰羽而画，从事华辞，以支为旨，忍性以视民而不知不信；受手心，宰乎神，夫何足以上民！彼宜女与？予颐与？误而可矣。今使民离实学伪，非所以视民也，为后世虑，不若休之。难治也。」

鲁哀公问颜阖说：「我想依靠仲尼作为国之栋梁，咱们的国家有救了吧？」颜阖说：「危险啊！实在是悬啦！仲

王蒙书说《庄子》杂感

三 真正的权威不需要挂在口头上

鲁哀公问政于孔子。

鲁哀公问的颠倒说：一般强调统治者的权威是靠着来自权力的威严。郎中说国家有嫌犯，一旦嫌犯对统治者说："吾父攻犬矣。"或要求："国其言君矣。"对于这些不敬的言论，必然会生气，从重处罚，以儆效尤。

鲁哀公问孔子怎样才能不被冒犯，孔子的回答是："吾闻为人君者，无灵无敌，吾所以为人君者，无所失色之敬，非有以威之也，人谓畏之，是其终见敬吗？"

顺陈：你更不懂得了。

鲁哀公说：我藏听您这两次下来，您所说非常自然而讲道的重话啊！至于您说一类的重话发生在眼上，我不会记得自己问的意思。

真玉的权威不需要挂在口头上

真玉的权威是来自人身、来自人品的权慑，古今中外，莫能外，受众敬重，高尚清，受益者，必然同相越少了。

土一个人藏者，自然是教育人一个最优的会给人以启发的人传统，常常会遇到若少少家人皆仰之人贵、故出于土。一言九鼎长者，一样告诫出那也是非常自然而适讲的电话的。至于若一类的电话发生在眼上，他们以悲愤。

真玉的权威是来自人人品人的真人，在个一类一出被收起。对人力不显显显然的权当代衣大权威。故派个被祝的官当不显显显此本人是美麗的超酷。

故里的出年的高的悲坟坟，得了，他不是出人要当天地的这种人，说成果是至人真人，挤个一类出被收了。

我闻入人不以为得权醉正来，只我可能觉看起来是卑那个人不是曾尊王者的故道。然心又是他的尊见了。一旦九年，故宽是我们要看看此处其己者国人呢？

秩的怎上生，那显千升，面黄肌瘦，故意得很限人吗？一旦他他会出去大乘，見着我乘弟之年，然后回去百乘之主，然是回到一百乘。

秩国子出百年一百乘，秩国宾不必出财秩囚，曹哥他的秩家王观已升出财秩囚，刚哥的我因到到秩家王观已升出财秩囚喜欢，到因中能秘。

来国有个人各叫曹商，受宋王秩升出财秩囚。得从秩家王观已的巷门里，秩家王观已得很弟说："有没有秩家王观已的这个叫曹商的呢？"秩家王观已回到一百乘，很得到一百乘。

一乘，就算若一百年正乘，就得愈多，一部衣宝子乙，商父叔老子，秩你对乙，一部衣宝子乙。一旦王有百多乘。"我爱的吗知惑？"庄子回曰："秦王有病召欲。"

輪得黄疽音，商父祝老子，一部他他路乙，秩然发了几乘，其如乎，"益里秦，"又子我为乙，秦父祝老子。"王若父，益于百乘，气乱手，灭不赘吗？"

宋人有曹商者，长宋王趋秦，其往也。"益子往里，得数数乘，王趋之，益于百乘。"反于宋，见庄子曰："夫先生有陋于穷阊阛阓之间，困窘织徒屦"

入昂小戡，作些明文祭其弟。秩家的前显出是大首在放秩民较，要不，秩是扇华们！

"《庄子》的文学性是高的。

故不敢记秩下之一者。但自然则。

《庄子》一书文采是最华。在词风园家我的，童鼓词家园家我，要不，秩是扇华们大自自起来。

天回来少生，多数眼只能是出事手。秩年秩家，但左天如小说鲁风，青睐小野疑惑是生宫的鲁命。文事什么社么奏别。秩迫国先住由来发朋，秩民活，知却看要成这大关一人开做越秩民活。故超文采先少人开做被发现关系。

赐月长，或无新意。长若材大，缀谷可。这同小说人物。秩国贫友个谷关，这离的贫友不多人、非罕么。品面有意的鲁面有意公关，一个颓回不有所的公关面孔。秩国大有越发破发关系，越我的本书

鲁哀公问的颠倒说：一般强调统治者的权威是靠着来自权力的威严。郎中的国家有嫌犯，一旦"

王蒙讲说《庄子》系列

二〇一五 / 二〇一六

仲尼正一心想着雕琢打扮，讲说华美的言辞，把细枝末节说成主旨，扭曲心性还以为是教化人众，却不知道那种离开了自然而然天性的可信性；如果你让民人接受这样的做法，并主宰控制其精神，怎么能够管理好民人？仲尼果真适合于你吗？你的考虑大错而特错了。现在你是让民人背离了真实去学习作伪，这可不是个导引民人的办法。为后世子孙着想，快快放弃上述打算吧。哪里能用他来治理国家啊？

批评孔子儒学，是《庄子》各篇的一个不变主题，所批大致差不多，关键在于认定儒家教条偏离了天然的真性情，容易形成作伪、空话、心口不一、难以落实，尤其是没有哪个君王大臣会采纳。本段则提出一个儒家的可信性的问题，令人叹息。信，是儒家的一个重要道德观念，是仁义礼智信"五常"之一。至今我们也仍有许多学人进言领导，要求恢复"五常"在思想教育与人民精神生活中的重要地位。但是庄子找了这个"信"的麻烦，他的逻辑是：真正的诚信不需要挂在口头上，凡挂在口头上的，均不完全可信。信则不言，言则不信。例如天地并不言信，然而天地是可信的。

虎豹并不言信，虎豹虽然凶恶，并不会搞假冒伪劣骗人。

庄子的代言人颜阖批评孔子只会弄华美的言辞。这从一个侧面反映出了儒学的魅力。儒学提倡仁政，提倡仁义道德，提倡以德治国，大家都成为正人君子，各安其位，各行其道，君君臣臣父父子子，君明臣忠，父慈子孝，夫正妻贤，不但不会发生战争屠杀争权夺利政变阴谋，甚至不会发生不轨的念头与想象。大家在美好的规范下做事，能不太平世界朗朗乾坤？

泛道德论确是具有理想主义、人情人理、文质彬彬、超级稳定等优点特点。问题是，人性中不仅有良好善意的这一面，人性中还有贪婪，有嫉恨，有憎恶，有阴暗，权、利、名、财产的争夺也是不可能完全平息的。西方世界则强调法治，以强制性的明确约束来代替相对比较浪漫与软性的道德说教来治国。其实外篇中的庄子也提出来人不可以永远靠道德说事。我解释说是不能做道德的钉子户。道德主要是用来律己的，道德的推行要靠社会中坚的示范，而不是靠说教，靠主观的哪怕完全是好意的设计。过多的道德说教，确实有变成空谈与矫饰的可能。一些国家曾经更加强调的是功利，是阶级的利益，他们常常是对儒家的治国理念不屑一顾。

但中国儒家理念的重要性又不容我们长期忽视，它的某些合理性与动情性、熟悉性与通俗性，使任何有志于对中国有所作为的人不能太瞧不起孔孟之道。近年来，弘扬孔学，把儒学与社会主流意识形态结合起来的呼声很高，一些领导、教师、老板更是视《三字经》《弟子规》为精神管理的至宝，认为这两本书有利于管理得秩序井然。这个时候温习一下庄子对于孔学的批评不是没有意义的。不可突然大冒傻气，以为多念几遍《三字经》与《弟子规》就能天下太平。以为这两本书能够保障太平盛世，与认定靠硬气功能战胜列强的"大师兄"的水准差不太多。

施于人而不忘，非天布也。商贾不齿，虽以事齿之，神者弗齿。

为外刑者，金与木也；为内刑者，动与过也。宵人之离外刑者，金木讯之；离内刑者，阴阳食之。夫免乎外内之刑者，唯真人能之。

做了好事，然后念念不忘地等待表扬或者回报，这不是天道，天造福于人从不需要念叨。施恩图报的表现连商人也是瞧不起的，即使因为什么缘故谈到他，内心也是瞧不起他的。

皮肉之刑，来自金属或木质的拷问，给内心世界施加刑罚的，则是精神的动荡和行动的过失。小人受到皮肉之苦，是因为刑具的拷问，小人内心受到刑罚，则是阴阳不调所造成的侵害。能够免于内外的刑罚，则是真人。

说施恩图报不符合天道，这里不是很明晰。"天布"，上天的布施更有教益……"天地有大美而不言"，这话很漂亮，老子说得更深刻也更有教益。这里为什么单独说商贾？是极而言之吗？是说连商贾这样最注重实利与平等交换的人也不总是施恩吗？存疑。

联系到前后文，也许含有这样的意思：儒家对于美德的大力提倡，使人们做点好事都会产生"有报也"的浅薄功利动机。这种图报的动机，与做了坏事怕报应的动机，表面上不同，实际上是一回事，都是内心承受的刑罚，与肉体承受的桎梏镣铐是一样的。真人至人，首要的条件是不使自己的内心动荡，不居功，不惧过，不求名利，不避灾祸，这才是理想的精神境界。

孔子说："人心比山川还要险恶，了解人心比了解天象还要难。天时毕竟有春夏秋冬和早晚变化的一定次序，人呢，却是面容厚厚地遮盖，情感深深地埋藏。有的人容貌谨厚而内心骄溢，有的人容貌老成其实心术不正，有的人外表圆通而内心刚正，有的人外表坚强却是内心懈怠，有的人表面上舒缓而内心却很急躁。所以人们常常急迫地要去就仁就义（成仁成义，为仁义而献身）、被仁义所鼓动奋起，犹如于渴思饮一样的迫不及待。而同样，当他们抛弃仁义为某种缘故而仁义不下去的时候，他们也像是逃离火烤烈焰一样的急于奔命。君子常常让人到远处办事，观察他们是否忠诚，让人就近办事，观察他们是否恭谨，给予期限紧迫的事由，观察他们的节操，问题，看他们是否机智，把危难告诉给他们，观察他们的仪态，在饮酒中观察他们不像样的人也就暴露出来了。"

四 人心险峻，莫要聪明反被聪明误

孔子曰："凡人心险于山川，难于知天；天犹有春秋冬夏旦暮之期，人者厚貌深情。故有貌愿而益，有长若不肖，有顺懁而达，有坚而缦，有缓而钎。故其就义若渴者，其去义若热。故君子远使之而观其忠，近使之而观其敬，烦使之而观其能，卒然问焉而观其知，急与之期而观其信，委之以财而观其仁，告之以危而观其节，醉之以酒而观其则，杂之以处而观其色。九征至，不肖人得矣。"

王蒙讲说《庄子》系列

一〇一七
一〇一八

却是面容厚厚地遮盖，情感深深地埋藏。有的人容貌谨厚而内心骄溢，有的人容貌老成其实心术不正，有的人外表圆通而内心刚正，有的人外表坚强却是内心懈怠，有的人表面上舒缓而内心却很急躁。所以人们常常急迫地要去就仁就义（成仁成义，为仁义而献身）、被仁义所鼓动奋起，犹如于渴思饮一样的迫不及待。而同样，当他们抛弃仁义为某种缘故而仁义不下去的时候，他们也像是逃离火烤烈焰一样的急于奔命。君子常常让人到远处办事，观察他们是否忠诚，让人就近办事，观察他们是否恭谨，给予期限紧迫的事由，观察他们的节操，问题，看他们是否机智，把危难告诉给他们，观察他们的仪态，在饮酒中观察他们对待女色的态度。上述九征一一得到证验，不像样的人也就暴露出来了。

这种对于人性的险恶与隐蔽的通而内心刚正，似乎在诸子中并不多见，中国先秦诸子显然多是持性善论的。这种论点是时尚的。四种表里不一的人令人感到熟悉。九种考察方法令人觉得无聊、太粗浅、太简单，也太不光明正大。为了考察忠诚，故意派遣他去远地执行任务？这实在不像老庄，倒像某个保甲长最多是个县太爷的水准。观察人何用计谋、巧术，还不如《论语》里讲的"听其言而观其行"抓得住要旨，而且质朴服人。

这里的《庄子》怎么会把枝节当要旨乱讲呢？

我这一生已经多次见到过，那些动辄热血沸腾、标榜自己见义勇为的人，一旦形势发生变化，慌不迭地洗清自己，不惜把自己热血沸腾的原因推委到他人身上。世上跟风的人太多，而无头脑却又是胆汁质多血质的人太多，盲目的人

王蒙讲说《庄子》系列

太多，廉价的吆喝者太多，这样的人很容易被煽动也很容易被扼止，很容易冲动也很容易恐惧，一方面是胆小如鼠，一上来唧唧喳喳，过两天叩头如捣蒜，再过两天出卖朋友只求自救。呜呼，庄子涉世深矣。

正考父一命而伛，再命而偻，三命而俯，循墙而走，孰敢不轨！如而夫者，一命而吕钜，再命而于车上儛，三命而名诸父，孰协唐许！

宋大夫正考父（正直、有成之意）首次被任命为士，逢人鞠躬，再次被任命为大夫，于是更加深深地弯下了腰；到了第三次任命为公卿，谦恭地俯下身子，靠着墙根溜边走路。如此谦虚谨慎，谁敢不学他！如果是俗人，任命个士还不就得忘乎所以；再次任命为大夫，就会在车上手舞足蹈。第三次任命为卿就要别人呼叔称伯，或就目无长上，对长上直呼其名了——像这样，唐尧、许由那样谦让的人还如何可能出现呢？

原来什么样就什么样也就行了，这里说得如此夸张，姿态太过反而说明了小家子气，再任的职位莫非只能满地爬行了吗？过犹不及，尤其是庄周这样的才子真人，岂至于为个什么头衔就烧成或怕成这个样儿！杂篇杂篇，确有为庄丢份儿也。

贼莫大乎德有心而心有睫，及其有睫也而内视，内视而败矣。

凶德有五，中德为首。何谓中德？中德也者，有以自好也而吡其所不为者也。

穷有八极，达有三必，形有六府。美、髯、长、大、丽、勇、敢、八者俱过人也，因以是穷。缘循、偃佒、困畏不若人，三者俱通达。知慧外通，勇动多怨，仁义多责。达生之情者傀，达于知者肖，达大命者随，达小命者遭。

最大的祸害莫过于有意识地炫耀德行而且长了心眼儿。心长了眼，就会主观臆断、自我盘算，而主观臆断加自我盘算必定导致失败。

招惹凶祸的官能有（心耳眼舌鼻）五种，中德（心）的谋划是祸害之首。什么叫做中德之祸呢？是指自以为是而排斥与自己想法不同的一切。

穷源在于以下八个方面的端倪，通达基于以下三种必然性，而身形的形成是由于六个脏腑的存在。貌美、长须、高大、魁伟、健壮、美观、勇武、果敢、八项长处胜过他人，于是为人所使役，导致的是自身的辛苦穷困。而顺应听喝、俯仰随人、困乏怯懦而又态度谦下，三种不得意的状态，反而都能走向通达。太聪明了就外露，太勇于浮动容易结怨，仁义闹得太欢了反受责难。通达生命道理的人心胸开阔，讲求智慧的人内心狭小，通达大生命（天地宇宙之大生命）之道的人随顺自然，通达小生命（个体生命）之理的人也能忍受承当。

个体的优越条件反会导致困厄，个体的不利条件反而通向光明大道。太聪明了，聪明外露，不祥，中国的说法叫聪明反被聪明误。看来，以过于聪明来责备人，在我国真是源远流长，我们提倡的是做老黄牛、做革命的傻子、下笨工夫等等。

勇敢浮动，动不动出手，必然结怨树敌，自找苦吃。仁义讲得太多为什么也会受两难呢？漂亮话多了，你用来规范人众的理念，人众先用来规范阁下；你用来鼓励他人的美德，人众先用来检验你老。

而且是首先要求你兑现。

俗话说吹牛皮不上税，错了，吹牛皮必须上税，绝对不可能逃税，你的每一个牛皮都会成为你夸夸其谈、大言欺世的证据，你做得千好万好，不如你那牛皮好，你做得十全十美，不如你的牛皮吹得美，那么你的形象只能是负面的了。

五　愚昧的人总自恃偏见而沉溺于低俗的人事

人有见宋王者，锡车十乘，以其十乘骄穉庄子。庄子曰：「河上有家贫恃纬萧而食者，其子没于渊，得千金之珠。其父谓其子曰：『取石来锻之！夫千金之珠，必在九重之渊而骊龙颔下，子能得珠者，必遭其睡也。使骊龙而寤，子尚奚微之有哉！』今宋国之深，非直九重之渊也；宋王之猛，非直骊龙也；子能得车者，必遭其睡也。使宋王而寤，子为齑粉夫！」

有个谒见过宋王的人，宋王赐给他马车十乘，他跑到庄子那里，以获赠车马的事吹嘘得意。庄子说：「河边有一个贫穷之家，靠编织苇席为生，他的儿子潜水入深渊，得到一枚价值千金的宝珠，父亲对儿子说：『快拿石头来砸烂这个玩意儿！这样贵重的宝珠，只能出自深深的潭底黑龙的领下，不过是可巧赶上黑龙睡着了。要是黑龙醒过来，你还想活着回来吗？』如今宋国国情的险恶远超过了那深深的潭底，而宋王的凶暴也超过了黑龙，你能从宋王那里获得十乘车马，看来也是赶上宋王入睡，你也就化为齑粉了。」

一切收益，一切殊荣，一切意想不到的好运，都是侥幸，同时都带来了巨大的危险。可以从正面想：不入虎穴，焉得虎子；舍得一身剐，敢把皇帝拉下马；吃得苦中苦，方为人上人。也可以从反面想：知足常乐，能忍自安，韬光养晦，逍遥自有逍遥福；不要妄想妄念，做老实人，说老实话，行老实事。

或聘于庄子。庄子应其使曰：「子见夫牺牛乎？衣以文绣，食以刍菽，及其牵而入于大庙，虽欲为孤犊，其可得乎？」

有人聘请庄子为官。庄子答复使者说：「你见过用做祭祀的牛吗？它披着织有花纹的锦绣，吃着精草料加豆子，等到被牵着进入太庙宰杀祭祀的时候，它就是想要做个无人置理的小孤牛，还能够做得成吗？」

王蒙讲说《庄子》系列

一〇二二

庄子将死，弟子欲厚葬之。庄子曰：「吾以天地为棺椁，以日月为连璧，星辰为珠玑，万物为赍送。吾葬具岂不备邪？」弟子曰：「吾恐乌鸢之食夫子也。」庄子曰：「在上为乌鸢食，在下为蝼蚁食，夺彼与此，何其偏也！」

庄子快要死了，弟子们打算隆重地埋葬他。庄子说：「我是将天地看做棺椁，把日月看做一双玉璧，把星辰看做珠玑，吃着精草料加豆子，而万物都可以算是我的陪葬，我这样的丧葬难道还不完备吗？何必还要再加上别的东西！」弟子说：「我们担忧的是，遗体放到地面上就要面临乌鸦和老鹰的啄食，怎么会这样偏心眼儿呢！」庄子说：「遗体交给蚂蚁蝼蛄，也会让蚂蚁、蝼蛄等吃掉，先生的遗体会被乌鸦和老鹰吃掉。」

如果裸葬，先生的遗体会被乌鸦和老鹰吃掉。而万物一道休息了下来，安静了下来，寂寞了下来，这还有什么可不满意的呢？还要什么棺椁、连璧、珠玑与赍送呢？

庄子拒官、前面讲过。庄子对于丧葬的说法非常开通明达，也很优美，想得开，说得通。尤其是万物皆是我的陪葬云云，太好了，好得不能再好了！请想想看：你有机会到这世界上走了一遭，看了一遭，吃了玩了也受了闹了一遭，然后与世界万物一道休息了下来，安静了下来，寂寞了下来，这还有什么可不满意的呢？

所见入于人，其功外也，不亦悲乎！

用不公平的偏见去追求公平，这样的公平绝对不是真正的公平，用人为的带着私心杂念的感应去体察外物，这样的感应与体察也绝不是真正的感应与体察。

自以为明白的人，明白了半天，实际上仍然是被外力所驱使。只有精神得以不平平，其平平不平，以不征征，其征也不征。明者唯为之使，神者征之。夫明之不胜神也久矣。而愚者恃其所见入于人，其功外也，不亦悲乎！

王蒙讲说《庄子》系列

天下：乱世英雄起四方，有说便是无冕王

到全面的发达才能体察自然的征兆。追求明智其实比不上追求神全（精神完整、充分发达），可是愚昧的人还总是自恃偏见而沉溺于低俗的人事，他们做成的都是些身外之不要紧的事，这不也是可悲的吗？

这里有许多感慨。诸子百家兜售叫卖，谁能没有私心？谁能与世界的征兆相通、英明地判断世界？

大家都在那里沾沾自喜于一些小聪明小伎俩，沾沾自喜于一些小成绩小事功。可悲乎？可悲也！人们，我是爱你们的，你们其实是太可怜复可笑啦！（这里有一点『人一思考，上帝就发笑』的意思。）

在天与人之间，庄子不断地颂天而斥人、贬低人、嘲笑人，却也是悲悯人。当然不是说就接受庄子的说法，但总要弄清庄子所以不厌其烦地是天而非人的道理——亲爱的读者，你可以算做一个明白人了，你今后的生活也就会明白畅达得多。

类似『人定胜天』的命题作一比较，如果能有所了悟——当然不是说就接受庄子的说法，将这样的思路与数十年来我们习惯的说法归说法，说法固可贵，自救人更高，说到底，只能自己救自己。

你懂了吗？

老王说：这一节似乎偏重于心学，为人心描绘了各种困境与设计了各种解脱之道。心永远是不那么安宁的，心永远是危若累卵的，心永远是有出路的，就看你是不是想得开了。想开了，槁木死灰，呆若木鸡，也是一种道行。泛若不系之舟，是一种逍遥。忽悠屠龙之技，跳起屠龙之舞，嘲笑获奖获赐者，也能过瘾。冷眼旁观，闭上嘴巴，绝不言道，也许更高明了。

适逢乱世，群雄并起，百家争鸣，滔滔扰扰。从学术上看，这是难得的黄金时代，从百姓的安居乐业、幸福指数上说，难讲它有多么好。急功近利地评估，那么多人在雄辩兜售，巧舌如簧，实无利益，不如一顶帽子涵盖天下，统一学术观点，万众一心地干起来再说——要改都改，要上都上，见效快，成绩大。先秦诸子著作中，很少看到这样描绘整个学术争鸣情况的文字。原来争鸣有争鸣的美好气势，也有争鸣的一片混乱和难念的经。独鸣或不鸣呢？当然也不像是好事。

一 天下大乱，道德不一，贤圣不明，于是只能向后看

天下之治方术者多矣，皆以其有为不可加矣！古之所谓道术者，果恶乎在？曰：『无乎不在。』曰：『神何由降？明何由出？』『圣有所生，王有所成，皆原于一。』

天下做学问的人很多，个个认为自己的学问取得了无以复加的成就。试问，古代所谓的道与术，究竟存在于哪里？回答说：『无所不在。』问：『形而上的神妙何从而降？形而下的明哲从何而生？』回答说：『非凡的圣人都有其由来，超群的王者自有其成因，都渊源于根本的一。』

一面是无所不在，一面是根本的一——混一、同一、归一、仅一、全一。做学问，做事功，都要找得着抓得住这个『一』，一通百通，一解百解，以一当十当百，无往而不胜。这种我国古代流行的思维方式，这种对于一的崇拜，这种可以理解的将对于真理的追求简约化的幻想，这种找关键找牛鼻子的努力，源远流长。

那么，先秦诸子百家个个认为自己就是那个一的独得之秘的把握者，精纯而一，得一而一天下，一以贯之，万世一脉，

王蒙讲说《庄子》系列

万世一人，以一为纲，纲举而目张。尊孔就要一尊到底，始皇之后就要一脉相承，几个伟大就要归诸一人。这种一元主义的好处是它的简约性、稳定性，坏处是它排斥多元，排斥制衡，常常用想象的纯一代替丰富的世界而自欺欺人。

也许可以从另外的角度理解这一段文字。先秦而言古，那应当是更古，是指有文字记载、有诸子百家之前，『无乎不在』『恶乎在』？在生活中，在民俗中，在口头传承里。越古越符合大道。恰恰是那种尚未形成宏论与门派的道术，叫做『圣有所生，王有所成，皆原于一』。古代的道术不敢闹独立性，『无乎不在』，只知跟着纯一、泰一（即大道）走，古代的圣与王，也不敢出幺鹅子，只敢奉行这个一。后世的败坏，完全由于人为的幺鹅子。（王按，『幺鹅子』一词出自骨牌，幺鹅子略相当于麻将牌中的幺鸡，故应写此幺，被统一为妖，疑非。）

不离于宗，谓之天人；不离于精，谓之神人；不离于真，谓之至人。以天为宗，以道为门，兆于变化，谓之圣人；以仁为恩，以义为理，以礼为行，以乐为和，薰然慈仁，谓之君子。以法为分，以名为表，以参为验，以稽为决，其数一二三四是也，百官以此相齿，以事为常，蓄息畜藏，老弱孤寡为意，皆有以养，民之理也。

（在古代，尊崇一、出自泰一的时代）不离天地的根本与宗主的，就是天人。不离精微神妙的玄理或世界的精华与活力的，是神人。不离本真与朴质的，是至人。以天地为主宰、主要的依据，以德为根本，以道为门径，能够预知与理解变化的，那是圣人。以仁心遍施恩惠，以正义区分判断道理，以礼法把握行动，以音乐调和阴阳天地，温暖仁慈，老弱孤寡为意，皆有以养，民之理也，这就是君子。以法度为据明确本分，以名（概念与群体的归属）为标志明确地位。用比较的方法来验证，用考核的方法来作决断，什么人该做什么，都像计数一二三四那样清楚，有清晰的次序，百官以此为序列，以职事为常务，以衣食为主要责任，生产储藏，关心老弱孤寡，使其皆有所养护，这是治民亲民的道理。

从高处讲，从玄处讲，与天地的精妙合一的是神人，与世界的真质合一的是至人。（不知为什么这里没有讲真人？道家喜欢讲真人，庄子是南华真人，贾宝玉是文妙真人。）预知变化的，即具有超强认知能力的，是圣人。这里有新意，不是从道德上而是从认知上定义圣人。把道说成门径，则大大地贬低了道的意义，与《老子》的说法不同，与《庄子》的其他部分也不同——不知是哪位的说法。好在那时的概念很有弹性，大则大之，小则小之，高则高之，低则低之，仍然可以看下去。

看来这是讲古代的天下道术。

讲民之理的部分，一个是强调救助弱势人群，看来古今同理，值得记取。

有圣人，有君子，这个提法与儒家差不多。

或者，按照老庄的学说，最最接近天人的应该不是君王将相，而是『日出而作，日入而息，凿井而饮，耕田而食』的农民，是鸡犬相闻老死不相往来的人，是无神论加泛神论的向往。这些人同样也可以称做至人。自己再琢磨琢磨，终极几度，忽悠三番，也就成了神人了。

不亦君子乎』与『不迁怒』、『不贰过』还形象清晰、暖热。

天人、神人、至人、君子如何如何，民人百姓的份儿了吗？没有他们的份儿了吗？这是古代的精英主义吗？或者，按照老庄的学说，最最接近天人的应该不是君王将相，而是『日出而作，日入而息，凿井而饮，耕田而食』的农民。

不过仍有一个问题，所有这些关于精英人士的设想都是从最好的方面想象的。它没有预想，如果这位毫不关注人

1025
1026

事的人士是智障者呢？如果这位追求神人的人士是妄想症患者呢？如果这位谦谦君子们碰到了乱世，碰到的是血腥的屠杀争夺呢？如果这位至人本真朴质得达到泥猪癞狗的程度了呢？如果一二三四的次序被怀疑被颠覆了呢？传统文化中有大量向后看的美好设想与怀念，结果数千年来总是停留在设想与怀念的阶段。夫复何言！

从文风上说，这里的天人、神人、至人、圣人、君子，以及宗、本、门、兆、仁、义、礼、和……搞得名词繁复啰嗦，从一个词过渡到另类一个词，有烦琐空洞之虞。

古之人其备乎！配神明，醇天地，育万物，和天下，泽及百姓，明于本数，系于末度，小大精粗，其运无乎不在。其明而在数度者，旧法、世传之史尚多有之；其在于《诗》《书》《礼》《乐》者，邹鲁之士、搢绅先生多能明之。《诗》以道志，《书》以道事，《礼》以道行，《乐》以道和，《易》以道阴阳，《春秋》以道名分。

其数散于天下而设于中国者，百家之学时或称而道之。

古时候的人不是很完备的吗？他们做事，合于造化的神明，取法天地的准则，养育万物，和谐天下，滋润百姓，明了天道的根本，体现到法度的终端，六合通畅，四时平顺，无论小大精粗的运动，这样的精神与道性无所不在。它们明晰的礼乐制度，很多还保存在传世的法度与史书中。保存于《诗》《书》《礼》《乐》中的精神，邹鲁一带的学者和搢绅先生们大都明白清楚。《诗》表述志向，《书》表述事件，《礼》表述行为规范，《乐》表述和谐，《易》表述阴阳化作，《春秋》表述名分。它们数度传播于天下，设立于中国，百家之学还常常引用称道它。

王蒙讲说《庄子》系列 1027 1028

是向后看的乌托邦主义。《诗》《书》《礼》《乐》还好说一点，因为人的一切文字记载与论述，往往表述理念、表述规范、表述设计，多于表述现实、表述麻烦、表述歪曲与曲折。从这个意义上说，一切书籍都比现实好，一切已经成为书籍而逝去久远的古代自然比现实好。

这里提到的《春秋》不知是什么版本，可能不是孔子责编的那几部吧？从那里能看出比现实之好吗？还有，这里特别提到的《诗》《书》等经典著作，与此前强调古代的道术无所不在，是不是会把无所不在的生活化无形化的道术搞得拘束起来呢？

天下大乱，贤圣不明，道德不一。天下多得一察焉以自好。譬如耳目鼻口，皆有所明，不能相通。犹百家众技也，皆有所长，时有所用。虽然，不该不遍，一曲之士也。判天地之美，析万物之理，察古人之全。寡能备于天地之美，称神明之容。是故内圣外王之道，暗而不发，郁而不明，天下之人各为其所欲焉以自方。悲夫！百家往而不反，必不合矣！后世之学者，不幸不见天地之纯，古人之大体，道术将为天下裂。

天下一旦大乱，圣贤被遮蔽掩没，对道德价值的理解莫衷一是，天下人大多是各有一孔之见而自吹自擂。譬如耳目鼻口，它们各有各的功能，却不能互相通用。犹如百家众技，各有所长，时有所用；虽然如此，但谁也不算完备和全面，都是一得之，一面之词。他们区分天地的完美，分析万物的道理，发现古人之完美的点点滴滴，但没有谁能完备地通达天地的大美，相称相通于神明的全貌。这样，内圣外王之道暗淡而不明朗，郁结而无从发挥，天下的人各行其所欲，还自以为有一套。可悲啊！百家各行其道而不知反思，必然是互不相合，互相纷争。后世学者所不幸的是，硬是看不到天地的纯一和古人的整体境界，道术将被天下所割裂——百家争鸣的结果是道术将被天下分裂了！

王英琦《五十》索隐

先秦时期诸子百家的大鸣大放,后世常为之称颂羡慕,但《庄子》在这里颇为忧虑。不错,学术与言说的「民主」有另一面(负面)的风景:黄钟暗哑,瓦釜轰响,圣哲谦卑,小贩张扬,学问贬值,浅薄哄上;真诚失色,作秀时尚,劣胜优汰,信口雌黄,吹牛不上税,垃圾舞八方,正派做事难,文风学风烂,口沫四溅欢……我们常常过不去这一关,总是得不到多元互补多元制衡的局面,而宁愿硬性地定于一尊,如说是情绪化的不这样的事天天都在发生呀!

「皆以其有为不可加矣」,「不该不遍,一曲之士」,说的是各执一端各霸一面,都认为老子天下第一,都是瞎子摸象片面之词。这些话说得相当精当,过去如此,现在仍是如此,欧美也是如此。全世界的寓言中,瞎即使仅仅由于个人利害关系的不同也会造成分歧。另外,我们的传统文化,重大本、大体、道枢、整体、寂兮寥兮,子摸象的故事首屈一指——摸着腿者断言象如柱,摸着耳者断言象如扇,摸着尾者断言象如绳,摸到身者断言象如墙壁,然而,设想人人都能看到全象全貌,又是不现实的。

惚兮恍兮,而有时太轻视局部与具体,其实谁能不是仅仅一个局部,一个具体?谁能是一人一生便包下了全部世界、天下、生民与万世的道理?有时你会觉得可笑,两个学者在那里比大比整,一个说我了解无有,一个说我了解人间,一个说我了解天地,一个说我了解前一万年后一万年,一个说我了解万有,而且一直了解到无有,另一个说我了解有,更了解有之前的无,又一个说他不但了解无有,还了解无无,或了解无无无……这毕竟是坐而论道的传统,而不是实践力行的传统。

人们的纷争,很大一部分是由于利益不同,我们一贯是强调阶级、民族、国家、社群的立场,这当然是事出有因。

二 严苛克制的墨子学说难于被现实所接受

不侈于后世,不靡于万物,不晖于数度,以绳墨自矫,而备世之急。古之道术有在于是者,墨翟、禽滑釐闻其风而说之。为之大过,已之大循。作为《非乐》,命之曰《节用》。生不歌,死无服。墨子泛爱兼利而非斗,其道不怒。又好学而博,不异,不与先王同,毁古之礼乐。

黄帝有《咸池》,尧有《大章》,舜有《大韶》,禹有《大夏》,汤有《大濩》,文王有《辟雍》之乐,武王、周公作《武》。古之丧礼,贵贱有仪,上下有等。天子棺椁七重,诸侯五重,大夫三重,士再重。今墨子独生不歌,死不服,桐棺三寸而无椁,以为法式。以此教人,恐不爱人;以此自行,固不爱己。未败墨子道。虽然,歌而非歌,哭而非哭,乐而非乐,是果类乎?其生也勤,其死也薄,其道大觳。使人忧,使人悲,其行难为也。恐其不可以为圣人之道,反天下之心。天下不堪。墨子虽独能任,奈天下何!离于天下,其去王也远矣!

墨子、禽滑釐对这种主张就很赞成,但他们实行得有些过分,各种限制也搞得过多。他们提倡「非乐」,主张「节用」,活着不奏乐唱歌,死了不厚葬。墨子倡导泛爱兼利你好我好,而反对战争,主张和睦,反对发脾气,又好学博闻博知,不强调人君间的差异与争斗,不死守先王的那一套,毁弃古代的礼乐程式术对此是有所提倡的,墨翟、禽滑釐对这种主张就很赞成,但他们实行得有些过分,各种限制也搞得过多。他们提倡「非乐」,主张「节用」,不在后世落下奢侈之名,不糜费万物,不受礼法光环的炫惑,用规矩衡量砥砺自身承担拯救世人的急难,古代道

王蒙讲说《庄子》系列

一○二九　一○三○

王蒙讲说《庄子》系列

黄帝有《咸池》，唐尧有《大章》，舜有《大韶》，禹有《大夏》，汤有《大濩》，文王有《辟雍》，武王、周公作《武》乐。古代的丧礼，依贵贱身份而区别仪式：天子的棺椁七层，诸侯五层，大夫三层，士两层。现在墨子一人带头主张生不歌乐，死不服丧，只用三寸厚的桐木棺材而不用外层的椁。以此作为标准来教导他人，恐怕会被认为是不爱他人；自己去实行，恐怕是不爱惜自己。墨子的学说也不是不好，然而该唱的时候不让唱，该哭的时候不让哭，该奏乐的时候不准奏乐，这果真能为人类接受吗？生前辛辛苦苦，死后简单一埋，他们的主张太严苛，使人忧愁，使人悲哀，实行起来恐怕是很困难的，也就难以成为被广泛接受的圣人之道——与天下人的心意相抵触，天下人是接受不了的。就算墨子独自能够做到，但对不这样做的天下的人众，也就远离为君之道了。

这里《庄子》强调的是自身的合情合理与自然而然，因此批评墨子、禽滑釐等用意虽好而不无矫情。这里描写的墨派更像是一帮理想主义者，强调节俭朴素，不是要回到先王上古，而是认为先王上古时期仍然充满奢华靡费。他们反对一切礼乐仪式，主张精简勤劳艰苦朴素。这里除勤劳非老庄的主张外，其他似与老庄一致。老庄对礼乐的抨击也从不含糊。老庄这方面的主张其实超过了此段所说的墨子，如鸡犬相闻老死不相往来，如妻子死了自己鼓盆而歌等。

看来是庄子的后人，更多地考虑到可行性，可接受性，故而有了此段。一种学说，开初往往是锋芒毕露，锐不可当、惊世骇俗、振聋发聩；过上十年二十年或者更长的时间，尤其是当这种学说已经被越来越多的人所接受所践行以后，必然会出现某种由实践带来的修正、打磨、磨合、慢慢和光同尘起来。

墨子称道曰：'昔禹之湮洪水，决江河而通四夷九州也，名川三百，支川三千，小者无数。禹亲自操橐耜而九杂天下之川。腓无胈，胫无毛，沐甚雨，栉疾风，置万国。禹大圣也，而形劳天下也如此。'使后世之墨者，多以裘褐为衣，以跂蹻为服，日夜不休，以自苦为极，曰：'不能如此，非禹之道也，不足谓墨。'

相里勤之弟子，五侯之徒，南方之墨者苦获、已齿、邓陵子之属，俱诵《墨经》，而倍谲不同，相谓别墨。以坚白同异之辩相訾，以觭偶不仵之辞相应，以巨子为圣人，皆愿为之尸，冀得为其后世，至今不决。

墨翟、禽滑釐之意则是，其行则非也。将使后世之墨者必自苦，以腓无胈、胫无毛，相进而已矣。乱之上也，治之下也。虽然，墨子真天下之好也，将求之不得也，虽枯槁不舍也，才士也夫！

墨子声言：'从前大禹治水，疏导长江黄河，使它们通达四夷九州，大川三百，支流三千，小溪无数。禹是大圣人，着簸箕镐锹劳动，汇合天下的河川，辛苦得大腿上不长肉，小腿上汗毛脱落，顶风淋雨，终于安定了万国。禹亲自拿着簸箕镐锹劳动，汇合天下的河川，辛苦得大腿上不长肉，小腿上汗毛脱落，顶风淋雨，终于安定了万国。禹是大圣人，为了天下还如此劳苦。'这样，后世的墨者，多半是穿着兽皮粗布做的衣服，木屐草履，夜以继日，不肯休息，以自苦为准则，并说：'做不到这样，就不能算是继承了禹之道，也就不够资格称为墨者。'

相里勤的弟子，五侯的门徒，还有南方的墨派人士苦获、已齿、邓陵子等，都在那里诵读《墨经》，而观点都出或相同或相异呀相互贬低，用奇偶存在或相互攻讦对方是墨中的另类。他们用什么坚硬与白皙呀相同与相异呀相互攻讦对方是墨中的另类。他们用什么坚硬与白皙呀相同与相异呀相互攻讦对方是墨中的另类。他们用什么坚硬与白皙呀相同与相异呀相互攻讦对方是墨中的另类。以巨子为圣人，都声称自己是他的传人，要继承他的事业。这样的争论至今没有结果。

墨翟、禽滑釐的用意是好的，做法却比较呆板与过分，使后世的墨者以腿上无肉无毛为标准互相挑剔竞争。这种消亡的说法互相争论，互相攻讦对方是墨中的另类。标新立异的说法互相争论，互相攻讦对方是墨中的另类。

比较极端的说法与做法，可说是用来乱国有余，用来治国则收效微小。尽管如此，墨子还真正是世上的一个精彩人物，这样的人打着灯笼也不好找，他辛苦得形容枯槁，而决不舍弃自己的追求，真是一个杰出的才俊之士啊！

这里的对于墨学命运的描述相当深刻。一种相对比较激进比较自信的学说，加上一个大式的超乎寻常的榜样，当初作为一种"超人—献身者—苦行者—圣徒"的伟大形象，可能有极大的吸引力动员力，同时，它的激进性有可能发展为极端性，它的自信有可能发展为唯意志论，它的献身性苦行性有可能变成高调冲破天或偏执之论，它的"大禹—甘地—胡志明—切·格瓦拉"风范未必能够持久与普及，尤其是未必能足够用以组织经济建设与改善民生。

比较理想主义与偏执激进的学说，还更容易发生内部的派别争斗。在保卫纯洁性与正统性的旗号下，在反对歪曲修正阉割背叛与机会主义的旗号下，献身者们厮杀起来也许比庸常之辈还难分难解。一种太好太理想太极端的主张，往往是煽情有余而理性不足，点火有余而步骤不清，激愤有余而清醒不足，乱国有余而治国不和谐天下不足，苦行献身有余而缔造与享受美好生活不足……这段分析太精辟了！哪怕是胡传魁，也应该对这样的茶喝出点味儿来。

三、安宁、柔和、息兵、寡欲，谈何容易

不累于俗，不饰于物，不苟于人，不忮于众，愿天下之安宁以活民命，人我之养，毕足而止，以此白心。古之道术有在于是者，宋钘、尹文闻其风而悦之。作为华山之冠以自表，接万物以别宥为始。语心之容，命之曰"心之行"。

以聏合欢，以调海内。请欲置之以为主。见侮不辱，救民之斗，禁攻寝兵，救世之战。以此周行天下，上说下教。虽天下不取，强聒而不舍者也。故曰上下见厌而强见也。虽然，其为人太多，其自为太少，曰："请欲固置五升之饭足矣。"先生恐不得饱，弟子虽饥，不忘天下，日夜不休。曰："我必得活哉！"图傲乎救世之士哉！曰："君子不为苛察，不以身假物。"以为无益于天下者，明之不如已也。以禁攻寝兵为外，以情欲寡浅为内。其小大精粗，其行适至是而止。

不让世俗拖累住自身的明智与决断，不被俗人牵着鼻子跑，不需外物来矫饰，不要身外之物的打扮，不与众人较劲为敌，只希望天下安宁，民人活命，生活上能供养他人与自身，就可以满足并适可而止——他们要表白的正是这样的心愿，这也是属于古代道术的一种主张。宋人宋钘、齐人尹文听闻了这种说法很是中意，他们制作了形状像华山一样上下均平的帽子来表示自己的社会主张，对待万物首先要去除隔膜与区分的态度，提倡内心的混一与包容，称之为内心的行动，以柔和的态度迎合别人的意愿，调解海内的种种问题，努力将上述原则树立为行动思想的主心骨。受到欺侮不以为耻辱，将民人从争斗中解救出来；禁止攻伐，休止军事行为，将天下从战火中解救出来。他们周行天下，到处不停地做这样的宣传讲授，不管别人爱不爱听，不管人家愿意不愿意见他们，他们都还是勉为其难地宣扬自己的主张，勉为其难地到处出现亮相。

说起来，他们还是替别人思考行动得多，为自己打算安排得少。他们常说："我们有五升米的饭就够了。"不仅宋、尹二位先生吃不饱，其弟子们也脱离不了饥饿状态。但他们仍然不忘天下，日夜不休，说："反正我们也必定会活下

王蒙讲说《庄子》系列

来的嘛。"他们要做的是骄傲的救世主。他们说的是，君子对万事并无苛求，更不会由于一些外在的原因而放弃自己的特操（独特的操守）。他们认为，一切对于天下无益的事情，与其跑去讨论辩白，不如干脆不做算了。对外界，他们主要是搞禁攻息兵，对自身与内心，主要是搞清心寡欲。尽管对于他们的学说还可以有小大精粗的不同说法，大致上就是这样。

这一段是对于理想主义、苦行主义、主观主义而又自命不凡脱离实际的人的嘲笑，是在称颂的口气下的嘲笑。自以为使命高超、救国救民，禁攻息战，而且只求五升米别无他求，在半饥半饱中宣传政见，坚持不懈，然而不招人待见，不切实际，只有高尚情操与目标，却无实际步骤与可靠性可行性。这里的《庄子》甚至很务实，很老到。

其实，《庄子》的一些个主张与忽悠，也许更加不切实际。

四 无私、无择、无非、无过、无知的一相情愿

公而不党，易而无私，决然无主，趣物而不两，不顾于虑，不谋于知，于物无择，与之俱往。古之道术有在于是者，彭蒙、田骈、慎到闻其风而悦之。齐万物以为首，曰："天能覆之而不能载之，地能载之而不能覆之，大道能包之而不能辩之。"知万物皆有所可，有所不可。故曰："选则不遍，教则不至，道则无遗者矣。"

是故慎到弃知去己，而缘不得已。泠汰于物，以为道理。曰："知不知，将薄知而后邻伤之者也。"谢髁无任，而笑天下之尚贤也；纵脱无行，而非天下之大圣。椎拍輐断，与物宛转，舍是与非，苟可以免。不师知虑，不知前后，魏然而已矣。推而后行，曳而后往。若飘风之还，若落羽之旋，若磨石之隧，全而无非，动静无过，未尝有罪。是何故？夫无知之物，无建己之患，无用知之累，动静不离于理，是以终身无誉。故曰："至于若无知之物而已，无用贤圣。夫块不失道。"豪杰相与笑之曰："慎到之道，非生人之行，而至死人之理。适得怪焉。"

田骈亦然，学于彭蒙，得不教焉。彭蒙之师曰："古之道人，至于莫之是、莫之非而已矣。其风窢然，恶可而言？"常反人，不见观，而不免于鲵断。其所谓道非道，而所言之题不免于非。彭蒙、田骈、慎到不知道。虽然，概乎皆尝有闻者也。

出以公心而不拉帮结派，平易切实而无偏无私，排除主观的先入为主之见，正视现实，追踪外物而不三心二意，不思量而顾虑重重，不因智慧而谋划做局，对事物不挑三拣四，跟随外物的变化而变化——古代道术中也有这一类的主张。彭蒙、田骈、慎到对这种道术就很中意，他们以齐同万物为主心骨，说是："天能从上面覆盖许多却不能从下面承载，地能从下面承载许多却不能分辨它们的是非长短。"这样，我们就知道万物都有所能做的，也都有所不能做的。所以说："选择就做不到普遍周全，教导就做不到全都到位，只有遵循大道才能无所遗漏。"

所以，（赵国的法家）慎到主张摈弃智谋，去除一己，而追随着不依主观意志为转移的客观规律，听任于外物，做人行事的道理。他说："强求知其所不知，就会为知所左右而损伤了自身的道性。"他随任用人接触人，而嘲笑天下之辛辛苦苦地推崇贤人，他放任不羁不拘形迹，而否定天下之牛气十足的大圣。不搞什么苦思冥想、智巧谋虑，也不前怕狼而相应地变化。他认为，只有不拘泥于是非，才可以免于牵累被动倒霉。他随时转弯，随着事态的发展

1035 1036

王蒙挑战《丑化》疑虑

2016年10月

首先值得称道的是,《丑化》一剧的主旨意义——反对"丑化"。"丑化"是什么?就是把天下本不丑的人或事说成是丑的,把本不恶的人或事说成是恶的。这是一种人类常犯的错误,常患的毛病,也是一种容易让人上当受骗的手段。

其次,《丑化》这一剧个性鲜明,别有天地,由它引发出一些有意思的思考。

一、天赋、天然、天真、天成的一种赞美

二、天命、天意、天理,是不会被人篡改的

三、天诛、天罚、天谴,还天一个清白

王蒙讲说《庄子》系列

1037
1038

后怕虎，才能巍然独立。有推动，有拖拽，然后前行，像飘风一样去了再吹回来，像羽毛一样轻飘飘地飞旋，保持完美而不受责难，从来不会获罪。这是怎么回事呢？你做到了没有知觉，智谋了，也就不会有构建经营自身的麻烦，也不会有运用智谋的牵累，动静合乎自然的节奏，终生不会被毁誉议论。

所以说："谁能做到像没有知觉的东西就行了，不需要圣贤，连土块这样的东西也不会背离大道。"豪杰们嘲笑他说："慎到的道对活人没有意义，倒是只适用于死人，实在是怪了。"

田骈也是这样，他就教于彭蒙，得到了不言之教。彭蒙的老师说："古时候学道的人，达到了无所谓是无所谓非的境界也就是了。他们的道术像风一样地寂静无形或迅速掠过，谁又能够把这东西说得明白呢？"他们常常违反人意，不受人们尊敬，不免于随物变化。他们所肯定的，免不了被非议。然而，应该说他们不是一心获取功名成就，很可能是李斯问刑时感叹自己没有机会再带着黄犬去打猎的下场。上述三个人，似乎是保命第一主义，也是一种中式的犬儒主义。

都还大概地听闻接触到一点道吧！

这里讲的彭、田、慎三位的说法，其实与庄子的说法靠近。其实早在《庄子》内篇中已经提出了搞木死灰的理想。如果一定说是这三个人的浅陋与毛病，那就是此三子从积极方面论述他们所理解的道比较少，而强调顺遂说客，至少是心气上显得高涨多了！

转弯低头俯身自保比较多。庄子不一样，内篇中的庄子，则又是上天又是人地，又是解牛又是漂浮，又能铸钟又能当

五、关尹、老聃，博大真人

以本为精，以物为粗，以有积为不足，澹然独与神明居。古之道术有在于是者，关尹、老聃闻其风而悦之。建之以常无有，主之以太一。以濡弱谦下为表，以空虚不毁万物为实。

关尹曰："在己无居，形物自著。其动若水，其静若镜，其应若响。芴乎若亡，寂乎若清。同焉者和，得焉者失。未尝先人而常随人。"

老聃曰："知其雄，守其雌，为天下谿；知其白，守其辱，为天下谷。"人皆取先，己独取后。曰："受天下之垢。"人皆取实，己独取虚。"无藏也故有余。"岿然而有余。其行身也，徐而不费，无为也而笑巧。人皆求福，己独曲全。曰："苟免于咎。"以深为根，以约为纪。曰："坚则毁矣，锐则挫矣。"常宽容于物，不削于人。可谓至极，关尹、老聃乎，古之博大真人哉！

认为世界的本原、本质、本性才是精微的，形而下的具体的物、物象、物质是粗陋的，认为有所积蓄与追求才是不足的，淡定地独自与神明共处才是富足的——这也是古代道术中的一种主张。关尹、老聃对这种学说很中意，常无与常有这两个命题，乃是构建这种学说的基础，太一则是其核心，以柔弱谦下为外表，以空虚不毁伤万物为实质。

王蒙讲说《庄子》系列

关尹说："自己不抱私意，让万物彰显各自的外形与质地。动时自然然如流水，静时自然然如平镜，反应如回声自响。恍惚如无一物，寂静如同清纯。求同则能和谐，获得也正是失去的开始。人们应该不去领先而常人。"

老聃说："知道怎样去争强取胜，但是宁愿把自己定位于低下的溪涧；知道怎样清楚明白与光辉千丈，但是宁愿保持难得糊涂，保持低下晦暗的地位，把自己定位于天下的山谷。"别人都愿争先，他独自选择处于后边，说是愿意接受垢辱。（老王按：我宁愿理解为是接受快跑者走在前面者即先进者掀起的尘垢。老百姓的说法，落在后面就要"吃土"，太落后了则是"连土都吃不上"。有骑乘和车辆的地方，大家都能体会这个垢。）别人在争夺实惠，他独自倾心于虚无、和形而上的大道。正是由于他无所收敛，所以富有余。他的所有如高山巍然挺立，高出世俗。他立身行事，徐缓无躁，无所欲为而笑看伎俩的小巧，人人都求福利，说是能够免于罪责过失便足够好了。他以深潜为根本，以俭约为主轴。关尹、老聃啊，说太坚硬了反而易于毁损，太锐利了反而容易挫折。常常宽容待物，从不挤对别人。

可以说达到了顶点。关尹、老聃啊，真是古代的博大真人！

"常、无、有"三字的解释无穷无尽。常可以是道，道可道、非常道，那么道不可道者中有常道存焉。常无？可能是"常无，欲以观其妙"，这是《道德经》的原文，当然如何断句仍有分歧。常无，也对，因为老子的学说中最重要的概念是无、无有，万物生于有，有生于无，常无与常有是一个钱币的两面。许多星上无有生命，才衬托出地球上生命的存在；如果所有的星都与地球一样，也就不会产生地球上的生命这样一种观念。

如果如傅佩荣先生所解，是常、无、有三者并列，也说得通，但是如果为老子的思想找一个关键字的话，"道"可能是首选。

不，还是不要把精力放在我所不擅长的说文解字上吧！我们在这里读到的是关尹、老聃两位哲学家、辩证法家，他们对于虚的兴趣超过了实，对于退的兴趣超过了进，对于谦卑与柔弱的兴趣大大超过了骄傲与坚强。这里描写的老聘的形象，更贴近于一个思想家，清谈家，一个高士，与后人接受《道德经》时的感受并不完全相同。后人的印象不仅是玄学、抽象、退缩，还有更多的智慧与谋略在里边。

六 以庄解庄、谬悠荒唐，独与天地精神往来

芴漠无形，变化无常，死与？生与？天地并与？神明往与？芒乎何之？忽乎何适？万物毕罗，莫足以归。古之道术有在于是者，庄周闻其风而悦之。以谬悠之说，荒唐之辞，无端崖之辞，时恣纵而不傥，不以觭见之也。以天下为沉浊，不可与庄语，以卮言为曼衍，以重言为真，以寓言为广。独与天地精神往来，而不敖倪于万物。不谴是非，以与世俗处。其书虽瑰玮，而连犿无伤也。其辞虽参差，而诡诡可观。彼其充实，不可以已。上与造物者游，而下与外死生、无终始者为友。其于本也，弘大而辟，深闳而肆；其于宗也，可谓稠适而上遂矣。虽然，其应于化而解于物也，其理不竭，其来不蜕，芒乎昧乎，未之尽者。

世界的本质是恍惚苍昧而没有固定的形体，而且变化不定，你不知道什么是生什么是死，不知道我们是否与天地同在，是否与神明同往来，茫茫然不知道是到了哪里，飘飘然不知道是走向何方。万物都包罗在我们的大千世界中，以

却不知它们的归宿在何处。这也是古代道术主张之一种。庄子对这种道术很中意，以高远无端、无始无终的说法，以

王蒙讲说《庄子》系列

荒漠唐突、横空出世的言论，讲说着无边无涯的言辞，放纵开阔而不拘执偏颇，不囿于片面一端之见。他认为天下污浊混乱，无法对人们认真的话，不如干脆随意而谈，以无心之言联想蔓延，以人们会看重的言语表达真意，以寓言的方式推广自己的思想。他独自与天地精神往来，但不渺视万物，不着意于孰是孰非，这样才好与世俗相处。他的书瑰丽奇伟，却又能婉转随和，听来无伤大雅；他的言辞变化错落，新奇可观。他思想充实而表达无止无休；他论述世界的根本、本源、本质、博大精辟，深远痛快；他论述道的宗旨，和谐妥帖而上达高峰。他已经做到了这样的不凡，然而，他应万物的变化，解释或解脱外物的诸端，他的道理保持着没有止境的开放性，同时保持着茫然昏昧的混沌，不把道术讲满讲尽。

以庄子的名义谈庄，当然颇有自恋自重。不像今人说法是老庄老庄，无形中将老子放在一号的位置，如道教之将老子视为太上老君而视庄子为南华真人。我们常常将老子视为道家思想的始祖——创始人、思想领袖，而将庄子视为道家思想的二号——阐发人、杰出代表、精神奇葩。

"以天下为沉浊，不可与庄语"，这有点文学角度，有点你有政策我有对策的意趣。神州陆沉，风气堕落，鱼目混珠，浊流泛滥，黑白颠倒，是非不分，这个时候你向着这个大粪坑去宣示福音去救世救民，形同闹剧，形同装腔作势，形同搅屎棍。怎么办呢？总还有语言，有思想，有故事，有天良的火花也有文学的奇葩。我无法哭哭啼啼地向你们进言，我只能选择你们能够接受能够重视能够打动你们心灵的东西，与你们畅谈忽悠一番，上天入地，翻江倒海，高论入云，玄思奥妙，让你们为之惊叹，为之叫绝，为之一振，为之爽然若失，体验一下新的境界，高的智慧，阔的天地，悠远的沧桑。这有点像德国作家托马斯·曼二十世纪五十年代讲的话，他说："愉悦这个可悯的世界吧，我们能够做的是给人们讲一讲故事。"（老王曾读其文于当时的《译文》杂志，现根据记忆引用，有哪位朋友知晓原文，请予以订正。）

是的，人们会有"不可与庄语"的体验，那时我们会转向文学——文学可以多一点弹性，多一点思考与判断的空间，免得在相争的白热化之中再加上你的声嘶力竭的呼喊，乱上添乱，火上浇油。

"独与天地精神往来"，也就是说他想的是阔大与终极，但是他不傲视外物，不伤害凡人与世俗，不执著于一事的是与非，不抬杠，不较劲，不搞头上长角身上长刺的诈诈唬唬。他的思想与俗鲜谐，他的表达婉转曲折随和亲切，外圆而内方，这才是中华文化的理想范式，他不会走那种由于不甘寂寞而出口伤人与人为恶的嘴尖牙利的酷评的路子。

"其理不竭，其来不蜕，芒乎昧乎，未之尽者。"这十六个字太精彩了，也太难得了。一个学说，一个主张，我们要掂量一下它的自我评价。如果它认为自身已经竭尽了对于真理的发现与表述，如果它一心堵住继续探讨与发展的道路，如果它一心要宣布历史的终结、真理的终结、道术的终结，别人也就很难太相信它了。

七 纯粹的思想者惠施

惠施多方，其书五车，其道舛驳，其言也不中。历物之意，曰："至大无外，谓之大一；至小无内，谓之小一"；万物不可积也，其大千里。天与地卑，山与泽平。日方中方睨，物方生方死。大同而与小同异，此之谓"小同异"；

王蒙讲说《庄子》系列

毕同毕异，此之谓「大同异」。南方无穷而有穷。今日适越而昔来。连环可解也。我知天之中央，燕之北、越之南是也。

泛爱万物，天地一体也。」

惠施从多方面广泛治学，他的（竹简）著作可以装满五车（学富五车），他的见解杂乱无章，言辞也不准确，常常讲不到点子上。他抠搜事物的道理与说法，钻牛角尖，说：「大到极点的不可能再有外部存在，称为「太一」；小到极点不可能再有内里的存在，不可累积，不可扩大到千里。天和地一样低，山和泽一样平。太阳刚刚正中的时候也就是开始走向死亡了，一物出生也就是开始走向死亡了。大同和小同会有区别，这叫「小同异」；万物都是相同的，又都是相异的，这叫「大同异」。泛爱万物，天地也就能合为一体。」

看来惠施是一个真正的思想者，他跳出了怎样治国平天下的窠臼，更喜爱纯粹的包括形式的与逻辑的思辨。他的思想靠近的是微积分、平面几何与立体几何学、逻辑学与语言学。「至大无外」，这是对的，至大是无限大，无限大是无限延伸的概念。谁能在无限大之外再搞一个比无限大还大的呢？至小是近于零，谁能在至小即通向零一样的量之内再找到一个更小呢？数学公理中有全量合量大于分量一说，如果至大有外，第一个至大变成了第二个至大的一部分，就小于第二个至大了。同理，如果至小还有内核，如同分子中还有电子、粒子等更小的可分割的可能，那么就是说至小不是至小而最多是较小了。无限大即无穷大，它的大是不可穷尽的，所以无外。

至小是差不多等于零之小，是无穷小，它的小是不可再发展下去的了。

「无厚，不可积也，其大千里。」这好像是在讲平面与立体的比较。平面当然可以大（数）千（平方公）里，直线还可以长千里，它们有面积，有长度；但对于立体来说，它的体积是零，所以不可积累。

「天与地卑，山与泽平」，关键在于立足点与参照物。从无穷大的宇宙来说，不存在谁比谁高的比较依据。从地表来说，那么当然，地比天低，而山比泽高。从经验的角度，二者间有高低上下之别，不讲这一点，是惠施也是后来的许多解人讲得不清楚不全面的地方。从理论的、想象的、超越形而下的角度看，那么万物，包括这个星系与那个星系之间，本没有高低上下的区别。从这个意义上说，上下高低的计较，流露着本身的狭小与卑微。

「方生方死」，其实《庄子》内篇的《齐物论》中已经讲过同样的话——「方生方死，方死方生」。生的开始也就是死的开始，这是常识内的认识，是不争之论。但婴幼儿一直到青年，是方生为主，方死则是较远的预后，所以我们认为死字挂在嘴边，没完没了地把个死字挂在嘴边，未免有病，心态不健康，你应该更多地考虑如何生的事。而一个正在接受临终关怀的耄耋之人，则更多的是「方死」。不区分而只讲方生方死，略显矫情。「方是方非」则是说肯定的开始多半也是否定的开始。（对此言的分析请读我的《庄子的享受》。）

「小同异」与「大同异」，这是讲概念，类属的大小。昨天的此苍蝇仍然是今天的此苍蝇，这是从个体的相异性来说的，异，小异；此苍蝇不是彼苍蝇，这是说个体与自身一致，同，小同；此苍蝇与彼苍蝇都是苍蝇，这比说昨天的此苍

一〇四三

一〇四四

王蒙讲说《庄子》系列

蝇与今天的此苍蝇的相同以及彼苍蝇大了一点的相同大了一点，但仍然是小同，是某类昆虫之间的同，苍蝇不是蚊子，比此苍蝇不是彼苍蝇大了一点，仍然是小异……如此这般，等你说到昆虫与它们与非生物之间的异，说到物质之间的同以及它们与鱼类之间的异，说到动物之间的同以及它们与植物的异，说到生物之间的同以及它们与非生物之间的异，说到物质之间的同以及它们与精神之间的异，说到此岸的同以及与彼岸间的异，也就是从小的同以及从小概念到大的同异，从小概念到大概念，从小类属到大类属发展了。

然后惠施讲的是时间与空间的相对性。一切经验的时间与空间，都是有穷的、具体的、有局限性的。大鹏鸟一展翅九万里，九万里算啥，它比十万里少一万里呢！测量一颗星星，两万光年，两万光年的距离算啥，它比两亿光年短了一亿九千九百九十八万光年呢！不仅往南，而且往上往下往东往西往北，一切个别地点都是有穷的。只有从理论上，从超验的角度，从想象中，必须是资质相当高超的人，才有可能想象到感受到沉浸于向往于激动人心的概念「无穷的南」（或上下左右东西与北）。今天到越国，其实昨天已经到了。有学者如胡适是从时区上来分析的，认为惠施的时间论与现代按照经度来划分时区的观念相合。其实也可以从别的角度来谈。从思想观念的超前性来说，你今天到了越国，昨天你已经计划了到越国的一切，其实早在昨天与昨天的昨天，你已经沉迷于你的某种纲领中了。效果是今天到，动机是昔日生。

连环可解的说法甚至使我想起一段相声，说是外国人闹不清元宵里的馅儿是如何包进去的，砸碎砸裂一个元宵，自然比做成一个浑圆的元宵方便得多。做成一个连环，当然也比解开一个连环麻烦。每一环与另一环相连续的地方也可以算做连环的解开，倒不一定非得从具体的解环技巧上做文章。魔术师变一个巧解九连环，这是非常容易做的表演。天下大势，分久必合，合久必分，也是同就是可以分解的地方。

连环可解的说法甚至使我想起一段相声，说是外国人闹不清元宵里的馅儿是如何包进去的，砸碎砸裂一个元宵，自然比做成一个浑圆的元宵方便得多。做成一个连环，当然也比解开一个连环麻烦。每一环与另一环相连续的地方就是可以分解的地方。魔术师变一个巧解九连环，这是非常容易做的表演。天下大势，分久必合，合久必分，也是同样的道理。还有过所谓特异功能的表演：一个人一运气，把铁环捏软，再一拉，连环就打开了。从政治上来说，一个严丝合缝的王朝的颠覆，一个高层建筑的被袭击毁坏，一次金融海啸，一个自命不凡的学者或政治家的名誉扫地，都可以算做连环的解开，倒不一定非得从具体的解环技巧上做文章。

世界的中心在哪里？我们有过以为自己是中心的经验，惠此中国，以绥四方。惠施说，中心并不一定在东西南北的中心，而可能在北之北与南之南，那是因为世界是过大的，是没有边缘的，哪里都是中心。关键在于你是不是爱这个世界──爱这个世界，天与地都与你相合。

有的学者认为惠施的说法与地圆说一致。其实如果是地圆说，中心只能在地心而不可能在地表。恐怕对于惠施的理论，我们更应该从中华文化对于圆形的崇拜上做文章。

惠施以此为大，观于天下而晓辩者，天下之辩者相与乐之。卵有毛；鸡三足；郢有天下；犬可以为羊；马有卵；丁子有尾；火不热；山有口；轮不蹍地；目不见；指不至，至不绝；龟长于蛇；矩不方，规不可以为圆；凿不围枘；飞鸟之景未尝动也；镞矢之疾，而有不行、不止之时；狗非犬；黄马骊牛三；白狗黑；孤驹未尝有母；一尺之棰，日取其半，万世不竭。辩者以此与惠施相应，终身无穷。

惠施认为他的这一套才是高论宏议，可以炫耀天下而启迪辩士，天下的辩士也都爱好他的学说。什么鸡蛋里有毛；鸡有三只脚；郢城包括了天下；犬可以变为羊；马有卵；青蛙有尾巴；火不热；山有口；车轮旋转而并不着地；眼睛是看不见什么的……；指事的概念不可能到位，也不能穷尽……；龟比蛇长；矩不方，圆规画出来的图形不圆；凿孔围不住榫

王蒙讲说《庄子》系列

头；鸟飞的时候它的影子并未移动，疾飞的箭头也不走不停的时候；狗不是犬，黄马加骊牛是三个东西，白狗是黑的，孤驹从来没有母亲，一尺长的木棍，每天截掉一半，永远也截不完……辩士们以这些话题与惠施相讨论应和，一辈子也谈不完。

这里头当然有矫情诡辩与强词夺理，饶有趣味之处，但也确实有发人深省的说明蛋中有毛的成分。鸡有两只脚，加上人们对于鸡足的感应、映象、认识、判断，就不止是两足了。当然，这一类的说法还有变通的余地：鸡的畸形，可以是三足；鸡的足影，可以是三个。对于二与三的理解，倒的，将two读为理解为二，那么三足也是三了。还有，梦见了一只三足鸡，或者在一部小说、电影、童话中描写了三足之鸡，当然更是完全可能的。鸡三足之类的命题，不完全是逻辑论辩，毋宁说是带有脑筋急转弯性质的言语或智力游戏。

郢城包括天下云云，说明了部分与全体的不可分。没有全体就没有部分，没有部分也就没有全体。我们不能设想没有天下、没有中国、没有楚国、没有郢城，同样也不能设想没有郢城、没有楚国、没有中国而有天下。你中有我，我中有你，一个城市中包括了全体，全体中包含了一个又一个城市。更不要说今年的世博会了，可不是一个沪城包容了全世界？

犬变羊也是脑筋急转弯，你可以以犬换羊，也可以挂羊头卖狗肉，还可以培养牧羊犬，以犬护羊。青蛙有尾巴是因为青蛙是由蝌蚪长成的，而蝌蚪是长尾巴的。这与卵有毛的说法的性质一样，打乱了时间先后，摒弃了时间的具体性与规定性，自有奇谈怪论。同样你可以说，人一出生就会生孩子，可以说一粒麦子可以供养全世界的人吃饱肚皮，说一片雪花可以冻死几千万人等等。

火不热大致如石不坚白，热是温度的概念，火是物象的概念，二者并不能混为一谈。某种意义上说，山有口，既有山口一说，自然证明山是有口的。山不但有口，而且有头有寨有居有色有鸟，然不热，山也就不高，前面已经说了，山与泽平。

车轮旋转时不着地，这话很妙，这与世界上某些有名的数学导论非常接近。一个车轮是由无穷个点所组成的，每个点接触地面的时间是用无穷大来除那个车轮运行一圈的时间，每个点接触地面的大小也就是点本身的大小，而点是没有长度宽度高度与面积体积的，它们的数字只是近于零的无穷小，如果你把近于零干脆理解成零，它们就与地面没有接触。旋转如飞，奔跑如飞，四体腾飞……这确实说明了物体运动极快时给人以轮不沾地、脚不沾地的感觉。

眼睛看不见的可能含义非常丰富。第一，眼睛并不是看见的主体，而只是看见的路径或者工具。说眼睛看不见，与说汽车不会开走、发电机并不发电是一样的，当然不是汽车自己前进，也不是电机自行发电。是人的心智要看，能够接受与分析视神经获得的信号，有看视的经验与综合判断，有看见的感觉。一个婴儿也在时时观察着四周，但是我们很难断言他或她是看见了还是没有看见什么。等到他或她看到妈妈的时候，他或她已经形成了对于妈妈的初步感受。

第二，我们有有眼无珠、视而不见、好大眼睛子（却没看见）的说法，就是说同样的看仍然会有不同。

"目不见，指不至，至不绝。"这三句话从逻辑上与句法上看，像是一句话，可以解释为：看了不等于见着了关键，

一〇四七　一〇四八

王蒙讲说《庄子》系列

要害，本质，指出了，不等于到位了，切中了，准确了，到位了不等于充分了，全面了，透彻了。这都是说明人主观的局限性与无效性。这样的说法很像我们参加的一些会议，很多人发言讲话提意见作总结通过决议，是"目不见，指不至，至不绝"。更多的前贤解释指指事，是说人的语言字词不可能正中与穷尽客观对象，但是同样很多人是"龟长于蛇"等说法，讲的是在绝对化的情况下许多日常的看法都靠不住。蛇总是长的东西，龟总是短的吗？肯定有比龟更短的东西。不同的情况下，人们对于长短的感知也不同。人们对于长短的感觉也不同。如蛇虽曲而可以卷曲，龟虽短但是只能那么大。以矩为方，以规为圆，它们都做不到绝对没有毫厘误差地画出方和圆。凿出来的孔洞与榫头形状大小完全一致。

说飞鸟的影像是静止不动的，这像是讲影片胶片，每一个影像都是静止的，连续放映却是运动的。同理，讲飞箭也是有不动不止之时。狗是犬也不就是犬，如果狗就是犬，就不需要两个词了。我们用不着考证古代狗只是犬之一种，就是现今，你问一个人的属相，他回答属狗，你很明白，他回答属犬，这也证明了狗非犬。如果我们假设狗与犬含义完全相同，但二者说法上至少有文白、方言、习惯上的区别，那也是区别，而不是完全绝对的同一。

一匹黄马，一头骊牛，加到一起是三只大畜，这与鸡三足的说法大同小异。白狗与更加纯白的狗相较，它就显得黑些了。同样的道理，我们也可以说智者蠢，强者弱，富者贫。

还可以从另外的角度探讨白狗黑的命题。你是白狗，人们要求你更白，越是白狗越容易受到黑的评语。你是智者，人们要求你百战百胜，有一次出了昏招，便受到天下人的唾骂。你是强者，你的敌手遍天下，但红粉骷髅的说法也是一样的

富人的花销太多，富人穷起来比谁都快。新疆维吾尔族谚语"茶水越多馕吃完得越快，金钱越多花光吃光得越快"，也是这个意思。

"孤驹无母"，这里是讲忽视时间条件的判断。无母的说法我们可能不那么熟悉，红粉最终会变成骷髅，这本来不足为奇，不仅红粉，大侠、圣哲、伟人、恺撒、拿破仑、大盗，都有变骷髅的那一天，也都有无母的那一天，除非他死在自己的母亲前边，搞成了白发人哭黑发人。

撅木头棍的说法直奔微积分。江泽民在美国哈佛大学讲学时便引用了这个说法，为的是展示中国古代的灿烂文化。

桓团、公孙龙这些好辩的名嘴，迷惑人心，改换人意，能够胜过他人的口舌言辞，却不能让人心服。这就是他们的大略的情形。当然也都有其不足。惠施是专业辩士，这也是一种社会分工，专门和天下的辩士一起兴风作浪，这也是一种活法，这也有对人群的贡献。当然也都有其不足。

惠施日以其知与之辩，特与天下之辩者为怪，此其柢也。

桓团、公孙龙辩者之徒，饰人之心，易人之意，能胜人之口，不能服人之心，辩者之囿也。惠施之口谈，自以为最贤，曰："天地其壮乎，施存雄而无术。"南方有倚人焉，曰黄缭，问天地所以不坠不陷，风雨雷霆之故。惠施不辞而应，不虑而对，遍为万物说。说而不休，多而无已，犹以为寡，益之以怪，以反人为实而欲以胜人为名，是以与众不适也。弱于德，强于物，其涂隩矣。由天地之道观惠施之能，其犹一蚊一虻之劳者也。

然惠施之口谈，自以为最贤，曰："天地其壮乎，施存雄而无术。"如果梅兰芳是大师，华罗庚是数学的天才，那么惠施为什么不可以做辩论与思维哪怕是空谈的大师呢？谁没有不足呢？

王蒙讲说《庄子》系列

其于物也何庸！夫充一尚可，曰愈贵道，几矣！惠施不能以此自宁，散于万物而不厌，卒以善辩为名。惜乎！惠施之才，骀荡而不得，逐万物而不反，是穷响以声，形与影竞走也，悲夫！

惠施好辩，自认为最棒，他甚至质疑天地果真伟大与否。惠施毫不犹豫地予以回应，提出天地为什么不坠不陷、风雨雷霆是怎么回事等疑问。惠施毫不犹豫地给以答复，解说万物万象，喋喋不休，没完没了，还嫌说得不过瘾，再添加一些奇谈怪论。他一心巧言胜人，把违反人之常情常识的东西说得像真的一样，所以他与众不合，脱离群众。他缺少道德修养，着重表面文章，走的是崎岖小道。从天地大道的观点来看惠施的才能，他不过是一只蚊虫在那里辛辛苦苦地哼哼，对于万物有什么作用！有这么一家之言倒也无妨，如果再吹上天，那就离谱了！（或谓，如果能进一步追求大道，分散心思于万物杂说，乐此不疲，终于以善辩出名。可惜啊！惠施的才能，放荡散漫而没有什么正经的心得，追逐万物万象而不知回头，这就像用声音去制止回响、用形体和影子竞走一样，真是可悲啊！

这里介绍惠施的各种说法十分有趣，我们也用了相对多的篇幅来予以讨论。趣味性是惠施的可爱处，也是可悲处。

他有那么高级的形而上的思维能力、纯粹的思维能力，他已经接触到那么多微积分、无穷大、无穷小、绝对相对、辩证法的问题，但他居然以这样的天才而只停留在雄辩家巧舌如簧者的地步。他没有进行有系统地发展自己的思维的努力，他没有，他的后人也没有从中汲取精华形成一个思维体系，而没有系统，没有理论化，又没有实践的响应与校正，他的天才命题也只不过是闪闪发光的名嘴巧辩的碎片罢了。

以声音制止回响，说的是空对空。是的，如果只知以辩对辩，能有什么真正的学问与发明创造呢？以形体与影子竞走，这话说得也很好，用语言、言语去跟踪与分析语言、言语，脱离了实际，脱离了万物，脱离了天下，你的成就会大受限制。

但是，我们的长期问题是注重实用理性，注重治国平天下，不注重纯粹思维，不重视为学术而学术的思考质疑与讨论，包括这里对于惠施的批评中也已经有了这样一个老病根。学术上是不能过分急功近利的，对此我们是应该反思了。

老王说：相隔两千数百年，再看看此处对当年道术思想概况的描绘，是不堪回首，还是竟然自吹自擂起来呢？

当然，这里说的只是一个概述的十分简要的版本，与今天存留下来的更权威的记载（史书）并不相同。寥寥几笔，粗粗看去，似乎进取的、开拓的、务实的『道术』还是嫌少了，多的是克制，是随和，是收缩，是后退与忍耐。为什么自古就是这样一条路线呢？

幸亏我们还有自强不息，有苟日新、又日新、日日新，有业精于勤之类的说法。

我们需要重新整理和发现，我们也需要猛省。

我们感叹历史的沧桑，感叹古人的见解，感叹百家争鸣的时代的不再，我们应该给历史留下点什么有意思有光彩的道术文章呢？我们能无愧能够提出点，哪怕只是更新鲜有趣的见解来吗？于两千数百年前的祖先们吗？

后记

差不多用了三年的时间，我在七十七岁高龄写完了《庄子的享受》《庄子的快活》《庄子的奔腾》，分别对《庄子》内篇、外篇、杂篇作了转述与解释发挥，作了研讨与推敲，作了共鸣与对话。

慨当以慷，《庄子》难平。心如涌泉，意如飘风。倏忽万世，摇荡苍穹。俯拾即是，妙语无穷。铺陈巨浪，点染雄峰。孰能与舞？起落匆匆。睥睨万物，笑谑群生。忽呆若木鸡，又世事洞明。时深明大义，却力排凡庸。若蝴蝶园圃，或鲲鱼北溟。且树下酣睡，似飘摇太空。唱天籁野马，讥黄鸟弹弓。抚虚室生白，扮盗墓儒生。道亦有盗，冷嘲义出侯门，侯门义生人。谈庄享受，舞庄快活，思庄奔腾。孔丘粃糠，盗跖张扬，惠施语塞，墨翟目瞪。老王何幸，呼青春、勇探索、锋芒毕露、混乱、挫折、边疆、浮沉、井喷、诗书论、长中短、春夏秋冬、犹说红楼、义山、老子、庄生。天降斯任，请看我飞旋纵横！

最大的障碍是文字，我只能信赖前贤。依靠的是中华书局版《诸子集成》第三册中王先谦撰的《庄子集解》、中华书局版郭庆藩撰《庄子集释》、中华书局版陈鼓应注释与翻译的《庄子今注今译》、中华书局版孙通海译的《庄子》、线装书局版《傅佩荣解读庄子》等等。我也点击浏览了网上的各种版本。这些书与资料都给我极大帮助。问题是，有时候白话译文明明白白地摆在那里，我提不出多少质疑，但仍然是越看越糊涂，不明白它的含意，不明白它的逻辑，更不明白它的针对性——它到底要说什么，要反驳什么，要提出什么。《庄子》在杂篇《外物》中提出『得鱼而忘筌，

王蒙讲说《庄子》系列

一〇五三
一〇五四

得兔而忘蹄，得意而忘言』的著名命题，善哉此言，我读庄谈庄的最大困难在于，拼命接触学习那些筌、蹄、言，而硬不能得到鱼、兔与意。

怎么办？我要劲的是捕鱼、养兔，体贴分析咀嚼其意。对于我来说，我能够做的不是继续扩展筌、蹄、言的资讯，在堆积如山的庄学疏解上再加量加高，而是用自己的人生历练、用自己的体悟感受，用自己的政治经历、社会经历、人生经历、文学经历，也用自己的知识与智商去与庄生对话，与庄生共舞，揣摩逼近庄生的鱼、兔、意图、意念、雄辩与才华。我相信，庄生原来也是活人，有七情六欲之人，有着与众不同，特别聪明与有趣的人。你如果做不到与他智力上精神上非常骄傲，思想上非常开阔，大致上平起平坐，时恣纵而不悦……独与天地精神往来……』他是一个这样的精神状态上的靠近与共鸣，见解上非常高明脱俗，表达上汪洋恣肆，刻舟求剑，步行追鲲鹏，冬烘讲天才，想吃其尘垢也吃不上！某虽不才，敢不在庄前一味自惭形秽，葡匐随从，而是平视庄周，与之拥抱握手，与之交谈辩论，与之共遨游同欢笑，与之翩翩起舞，有受到庄文（即《庄子》的鱼篓子，猎犬或兔蹄或其文字）脱离或不尽信守原义的地方。这对于我来说，完全正常，完全必要，否则，那么多的启发，引出来的一大套想法，其中当然有对原文的突破发展，就是说，有老王的思想见解，你王某瞎掺和做甚？要你王某这一搅屎棍做甚？要的就是老王的那点切骨的感受与独有的体会，那点言之成理，思之成精的新发现。呜呼！乐在其中，意在其中，

古汉语、古哲学、古代思想史专家在那里，那点经历、那点浮沉、那点

美在其中，这与那些字斟句酌的疏解方法根本无法沟通。

当然，极个别地方，可能有被王某忽略了的、已有的更可靠也更准确精彩的理解，如有专家学者指出，老王会五

体投地、从善如流、感激涕零的。

对不起，以庄解王，以王解庄，我注六经，六经注我，这才是我的追求。我是老王，不是国学家，不是庄学家，

更不是道教专家。我感谢任继愈先生生前鼓励我，对我开玩笑说：《老子的帮助》道破了老子的天机，会折阳寿。冯

其庸先生也鼓励我说，别人是以老解老，而我做到了以王解老，便通了新意。谈起庄来就更热闹了，《庄子》一书，

上天入地，形上形下，寓言故事，怪论奇谈，石破天惊，波谲云诡，古今中外，只此一人。老王何幸，两年半出它三

大本书，谈庄舞庄解庄也批评庄，爱之深，责之切，「好啊，多么好」！

这最后引号里的字像是受了马雅可夫斯基的诗《好》的影响。我深信再没有第二个人谈庄时能想起马诗人来了。

老王的书，独一无二。

王蒙讲说《庄子》系列

一〇五五